DX時代の
IT監査
ITガバナンス
の実務

内部監査のための統合的監査・
業務継続・アジャイル開発

一般社団法人日本内部監査協会
［編］

同文舘出版

発刊にあたって

　ITは，現代社会に多大な恩恵をもたらし，経済活動をはじめとした人々の社会生活と密接不可分なものとなっており，現代の経営組織体にとっても欠くことのできない存在です。組織運営にあたって，IT戦略の構築，ITへの投資，ITから生じるリスクへの対応は，組織の規模の大小を問わず，避けては通れない重要な課題といえます。

　1950年代にわが国に情報システムが導入されて以降，組織体の経営目標の効果的な達成を支援する内部監査にとっても，ITは時代を問わずに一貫して重要な領域であり続けてまいりました。こうしたなか，日本内部監査協会では，昭和62（1987）年（創立30周年）に，『情報システム監査の実務』を，また，平成15（2003）年に，『情報システム監査の基礎と実践』を発刊しました。さらに，平成19（2007）年（創立50周年）には，『ここから始めるIT監査』を，平成24（2012）年には，『IT監査とIT統制―基礎から事業継続・ネットワーク・クラウドまで―』を，平成30（2018）年には，創立60周年記念事業として『内部監査人のためのIT監査とITガバナンス』を，令和3（2021）年には同書「補訂版」を発刊しました。

　本書は，近時のさらなるITの進展，DXの推進やAIの発達や普及，またそれに対するIT監査やITガバナンスの進歩を勘案し，内部監査に従事される方々が実務を遂行される際の手引きとなるよう企画されたものです。本書が，そうした方々に少しでもお役に立つことになれば幸いです。

　本書の編集にあたっては，執筆幹事の労をお取りいただいた吉武一氏をはじめ，辻本要子氏，神橋基博氏，中村元彦氏の執筆者の皆様に多大なご協力をいただいたことに対して，深甚なる謝意を表します。

　また，発行に際し，格別のご配慮を賜りました同文舘出版株式会社に，心より感謝いたします。

2025年2月

一般社団法人日本内部監査協会

会長　伏屋　和彦

執筆者を代表して

今般,『DX時代のIT監査・ITガバナンスの実務』を上梓する運びとなった。一般社団法人日本内部監査協会は『IT監査とITガバナンス』を2018年に発刊し,その補訂版を2021年に発刊したが,その後の3年余りの間にもIT監査を巡る環境の変化は著しいものがあった。

まずデジタルトランスフォーメーション(DX)の推進に代表されるようにITの進歩,AIの発達,デジタルデータの活用拡大が急速に進んでいることである。さらにこのDX推進の1つとして,情報システムと産業システムの連携が進んできている。また,環境変化の迅速化や企業間競争の激化に対応するために,アジャイル開発に代表される迅速化した情報システムの開発手法も進化してきている。

一方,ITの普及に伴い,ITシステムに係る事故や不正,あるいはサイバー攻撃の脅威が日々増加してきており,情報セキュリティが大変重要な経営課題となってきている。

このような環境下,ITに係るリスクの顕在化を適切に抑えて,企業や団体等の組織体の目的をより効果的,効率的に達成するためのITに係るガバナンス,マネジメントも非常に重要となっている。

こういった潮流の中で,ITガバナンスを確立・維持するための基準としてCOBIT2019(ISACA)やISO/IEC TS38501(ITガバナンス:実装ガイド)が公表された。

さらに,内部監査のグローバル組織である内部監査人協会(IIA)では,「攻め」と「守り」の両方に貢献するモニタリングの観点から,「防衛の三線モデル」の発展形である「三線モデル」を公表し,さらに「内部監査の専門職的実施の国際基準」に代わる新たな内部監査の基準として,2024年に「グローバル内部監査基準」を公表し,2025年1月9日から適用が開始された。

またわが国においては,ガバナンスの一層の充実を狙いにコーポレートガバナンス・コードが改訂され,さらに「財務報告に係る内部統制の評価及び

監査の基準並びに財務報告に係る内部統制の評価及び監査に関する実施基準」（いわゆるJ-SOX基準）が改訂され，その中でもITへの対応に関する記述が充実された。

加えて，経済産業省でも「システム監査基準」，「システム管理基準」を2023年に改訂し，2024年12月には，J-SOXに対応する「システム管理基準 追補版」を改訂し公開した。

こうしたIT監査を巡る大きな環境変化に対応すべく，既存書籍の改訂ではなく，新たに本書を新刊として発刊する運びとなったものである。

本書の執筆者は4人全員が，上記の経済産業省の「システム監査基準」改訂に中心的役割を果たしている。また，中村元彦氏と吉武は「システム管理基準 追補版」改訂にも参画し，さらに吉武はIIAの「グローバル内部監査基準」の制定にも委員等で参画している。本書の内容はこのような執筆陣により，単に基準やあるべき姿の解説に止まらず，基準の制定・改訂およびあるべき姿が描かれた背景・狙い等も含めて記載されている。こういった情報は読者が本書の内容を実務において活用する場合に役に立つと考えたからである。

本書は，序章，第1章から第6章，終章で構成されている。

まず，序章では，IT監査の出発点として，経済産業省の「システム監査基準」の解説を通してIT監査のあり方の全体像を示している。

続いて第1章ではITガバナンスのあり方とITガバナンスに係る監査のあり方について解説している。昨今のガバナンス，ITガバナンスに係る動向や議論を踏まえた内容となっている。

第2章では，ITシステムのシステムライフサイクルに沿った監査のあり方を解説し，アジャイル開発に係る内容も充実させた。

第3章の情報セキュリティに係る監査では，昨今のサイバー攻撃の手法についても簡明に説明し，内容も最新のものとなっている。

第4章の業務継続に係る監査では，新型コロナ等の疫病，自然災害，システムダウン等の業務継続に悪影響を与えるあらゆるインシデントを踏まえた内容となっている。

第5章は，「システム管理基準　追補版」改訂に実質的に中心的役割を果たした執筆者が，改訂の要点も踏まえた最新の情報に基づいて解説されている。

　第6章は，DXの推進と監査，AIの利活用と監査について，活用可能なフレームワークや原則・基準等に基づいて解説されている。

　終章では，第6章までの内容を踏まえて，様々な統合監査のあり方，あるべき姿が必ずしも明確でない対象に対する監査の考え方等，DX時代に相応しい監査のあり方を探求している。

　本書でIT監査に関する強固な知識と考え方を身につけられた監査人は，これから経験されるかもしれない「未知との遭遇」にも十分に対応していけると期待している。本書が監査人によるより効果的・効率的なIT監査のためにお役に立つことができれば，望外の幸いである。

　最後になってしまったが，一般社団法人日本内部監査協会の事務局スタッフの方々から，本書の企画段階から常に暖かい励ましと適切なご指導を賜った。また同文舘出版株式会社の青柳裕之取締役，大関温子氏，有村知記氏には，本書出版に際し格別のご尽力を賜った。この場を借りて謝意を表したい。

2025年2月

吉武　一

DX時代のIT監査・ITガバナンスの実務 ● 目次

発刊にあたって　　i
執筆者を代表して　　ii

序 章

ITの発展とIT監査への期待

Ⅰ　IT監査を巡る環境変化 ……………………………………………………………… 2

Ⅱ　改訂「システム監査基準」 ……………………………………………………… 4

　1　「システム監査基準」の構成 ………… 4

　2　システム監査の目的 ………… 5

　（1）システム監査の定義　　5

　（2）システム監査の目的　　7

　3　システム監査における倫理 ………… 9

　4　システム監査の基準 ………… 11

　（1）システム監査の属性に係る基準　　11

　（2）システム監査の実施に係る基準　　12

　（3）システム監査の報告に係る基準　　13

Ⅲ　まとめ …………………………………………………………………………………… 14

第 1 章

ITガバナンスに係る監査

Ⅰ　ITの発展と普及 ……………………………………………………………………… 18

Ⅱ　ITガバナンス ………………………………………………………………………… 19

　1　ITガバナンスの定義 ………… 19

　2　ITガバナンスの目的 ………… 21

　3　ITガバナンスの成功要因 ………… 24

　4　ITガバナンスの目的，機能，成功要因の関係性 ………… 27

v

Ⅲ **ITガバナンスに係る監査** ·· 28

  1 戦略（攻め）に係る監査 ··········· 28

  2 コンプライアンス，リスク・マネジメント（守り）に係る監査 ··········· 30

  3 攻めと守りの統合的監査 ··········· 31

  4 監査の担い手 ··········· 32

   （1）ITガバナンスに係る監査　32

   （2）ITガバナンスに貢献する監査　32

Ⅳ **まとめ** ··· 34

第 2 章

システム・ライフサイクルに係る監査

Ⅰ **システム・ライフサイクル（SDLC）に沿った管理態勢** ············· 38

  1 システム・ライフサイクル ··········· 38

  2 開発モデル ··········· 38

   （1）ライフサイクルの開発モデルとは　38

   （2）モデルの適合性　39

  3 SDLCに沿った管理態勢 ··········· 39

   （1）ITガバナンスとITマネジメント　40

   （2）案件管理態勢　40

   （3）外部委託管理態勢　43

Ⅱ **SDLCに沿った監査** ··· 44

Ⅲ **ウォータフォール等従来型開発モデル等に対する監査** ················· 45

  1 企画プロセス ··········· 46

   （1）計画策定プロセス　46

   （2）要件定義プロセス　48

  2 開発プロセス ··········· 51

   （1）開発プロセスとは　51

   （2）開発プロセスに対する検証　53

  3 運用プロセス ··········· 54

   （1）運用プロセスとは　54

vi

（2）運用プロセスに対する検証　55

4　保守プロセス ………… 57

（1）保守プロセスとは　57

（2）保守プロセスに対する検証　57

5　廃棄プロセス ………… 58

（1）廃棄プロセスとは　58

（2）廃棄プロセスに対する検証　58

Ⅳ　アジャイル型開発モデルに対する監査 ……………………………………… 59

1　アジャイル型開発モデルの特徴 ………… 59

2　アジャイル型開発モデルの開発手法 ………… 60

3　推進体制 ………… 61

4　アジャイル型開発モデルのプロセスと検証 ………… 62

（1）管理態勢構築プロセス　63

（2）企画・開発プロセス　64

Ⅴ　まとめ ………………………………………………………………………… 66

**1　ウォーターフォール等従来型開発モデル採用案件に対する監査用
チェックリスト** ………… 66

2　アジャイル型開発モデル採用案件に対する監査用チェックリスト ………… 70

3　EUCに対する監査用チェックリスト ………… 71

第 **3** 章

情報セキュリティおよびサイバーセキュリティに係る監査

Ⅰ　情報セキュリティ管理の必要性 …………………………………………… 74

Ⅱ　情報セキュリティ管理の対象範囲 ……………………………………… 74

**1　情報セキュリティ管理とサイバーセキュリティ管理の共通点と
相違点** ………… 75

（1）対象範囲　75

（2）想定するリスク　76

（3）管理プロセス　76

**2　本章における情報セキュリティ管理とサイバーセキュリティ管理
の対象範囲** ………… 77

vii

Ⅲ 情報セキュリティおよびサイバーセキュリティの管理態勢 ………… 79

1 統治（Govern）………… 80
（1）基本方針（セキュリティポリシー）　80
（2）役割・責任・権限　80
（3）従業員の管理　82
（4）外部委託先の管理　83

2 識別（Identify）………… 83
（1）IT資産管理　83
（2）リスクアセスメント　84

3 防御（Protect）………… 86
（1）ユーザ認証　86
（2）アクセス制御　87
（3）教育・訓練　87
（4）物理的なセキュリティ　88
（5）ウイルス対策ソフトウェア　89

4 検知（Detect）………… 89
（1）監視　90
（2）分析　90
（3）初動対応　90

5 対応（Respond）………… 91
（1）調査・対応　91
（2）証拠の保全　92
（3）報告　93

6 復旧（Recover）………… 93
（1）復旧作業　93
（2）再発防止策　93
（3）バックアップ・リストア　94

Ⅳ セキュリティ管理に関する各種トピック ………………………………… 94

1 主なサイバー攻撃手法 ………… 94
（1）分散型サービス不能攻撃（DDoS攻撃）　94
（2）ブルートフォース攻撃，パスワードリスト攻撃　95
（3）SQLインジェクション，コマンドインジェクション　96
（4）クロスサイトスクリプティング（XSS）　97
（5）フィッシング　97

（6）中間者攻撃（MITM攻撃）　97
（7）MITB攻撃　98
（8）標的型攻撃　99
（9）ビジネスメール詐欺　99
（10）ランサムウェア　100
（11）ソーシャルエンジニアリング　101
（12）サプライチェーン攻撃　101

2　主なセキュリティ技術・手法………… 102

（1）ファイアウォール（FW）　102
（2）プロキシ　102
（3）侵入検知システム（IDS），侵入防止システム（IPS）　103
（4）Webアプリケーションファイアウォール（WAF）　104
（5）CDN　104
（6）通信の暗号化（TLS）　105
（7）サーバ証明書　105
（8）トランザクション認証　106
（9）ゼロトラストセキュリティ　106
（10）ふるまい検知型ウイルス対策ソフトウェア（EPP），EDR　107
（11）Webアプリケーション診断，ペネトレーションテスト，脅威ベースのペネトレーションテスト（TLPT）　108
（12）ASM　109

Ⅴ　まとめ……………………………………………………………………… 110

1　セキュリティポリシーの確立………… 110
2　体制の整備………… 111
3　対策の適切性………… 111

第 **4** 章

業務継続に係る監査

Ⅰ　業務継続管理の必要性……………………………………………… 116
Ⅱ　業務継続管理の対象範囲……………………………………………… 119
Ⅲ　業務継続管理に関する態勢……………………………………………… 120

1 方針の策定 ………… 120

2 分析・検討 ………… 122

（1）業務影響度分析（BIA）　122

（2）リスクの分析・評価　124

3 業務継続計画（BCP）の検討と決定 ………… 125

（1）業務継続方針の検討　125

（2）業務継続計画（BCP）の策定　126

4 教育・訓練の実施 ………… 128

5 見直し・改善 ………… 129

Ⅳ **まとめ** ……………………………………………………………………… 130

1 経営者の関与と方針の確認 ………… 130

2 リスクの分析と評価 ………… 130

3 業務継続計画（BCP）の実効性 ………… 131

第 **5** 章

内部統制報告制度に係るIT統制と監査

Ⅰ **内部統制報告制度の全体像と改正の背景** …………………………… 136

1 内部統制報告制度の概要 ………… 136

2 基準及び実施基準の改正（2023年）の背景 ………… 137

3 基準等の全体像とIT統制の位置付け ………… 138

（1）基準等の全体像と内部統制の定義　138

（2）ITへの対応　139

（3）IT統制の全体像　140

4 リファレンス ………… 143

（1）金融庁（法律関係は記載していない）　143

（2）日本公認会計士協会　144

（3）経済産業省　144

Ⅱ **IT統制の理解と評価** ……………………………………………………… 145

1 ITの概括的理解 ………… 145

2 IT全社的統制 ………… 147

目 次

3 IT全般統制 ………… 149

4 IT業務処理統制 ………… 149

Ⅲ **実務におけるIT統制の評価及び監査の勘所** ………………………… 151

1 内部監査人におけるIT評価への関与 ………… 151

2 様式（リスクコントロールマトリクス）による解説 ………… 154

3 IT統制における不備への考え方 ………… 157

Ⅳ **まとめ** ……………………………………………………………………… 158

第 **6** 章

DX推進, AI利活用に係る監査

Ⅰ **DXの推進** ……………………………………………………………… 166

1 DXの定義と狙い ………… 166

（1）新ビジネス, 新商品, 新サービスの創出　166

（2）組織活動の有効性向上　167

（3）組織活動の効率性向上　168

（4）新たな企業文化, 風土の醸成　168

2 DX推進方法 ………… 169

（1）DX推進上の重要なポイント　169

（2）DX推進上の成功要因　170

3 DX推進に係るリスク ………… 179

（1）DX推進に係る最終的なリスク　179

（2）DX推進に係る個々のリスク　180

4 DX推進に係る監査 ………… 182

（1）DX推進に係る監査に活用できるフレームワーク　182

（2）DX推進に係る監査の課題　184

Ⅱ **AIの利活用** …………………………………………………………… 186

1 AIに係る定義 ………… 186

2 AIシステムの提供する機能 ………… 188

xi

3　機械学習とディープラーニングの相違点………… 188

（1）学習プロセス　188

（2）結果の導出プロセス　190

（3）成果物　190

（4）システム　191

4　AI利活用プロセス………… 192

（1）AI利活用決定プロセス　192

（2）AIシステムの導入準備プロセス　193

（3）データの収集と入力プロセス　194

（4）結果の取得と利活用プロセス　195

5　AI利活用に係るリスク………… 196

6　AI利活用に係る監査………… 199

Ⅲ　まとめ……………………………………………………………… 199

終 章

IT監査の展望

Ⅰ　統合的監査……………………………………………………… 208

1　ITシステムとOTシステムの統合的監査………… 208

2　業務監査とシステム監査の統合的監査………… 210

Ⅱ　DX時代の監査………………………………………………… 213

1　未知との遭遇（新しい課題）への対応………… 213

（1）IT監査の対象領域の拡大とリスク・アプローチ　213

（2）あるべき姿が必ずしも明確でない場合の監査の考え方　214

2　より学際的なアプローチの採用………… 217

（1）多様な人材の必要性　217

（2）監査役等との連携　218

Ⅲ　まとめ……………………………………………………………… 219

ステップアップ　221

索引　224

xii

目　次

▶チェックリスト一覧

第1章
【ITガバナンスに係るチェックリスト】　34

第2章
【ウォータフォール等従来型開発モデル採用案件に対するチェックリスト】　67
【アジャイル型開発モデル採用案件に対するチェックリスト】　70
【EUCに対するチェックリスト】　71

第3章
【情報セキュリティおよびサイバーセキュリティに係るチェックリスト】　111

第4章
【業務継続計画に係るチェックリスト】　131

第5章
【IT統制に関するチェックリスト（対応する参考資料）】　159
【ITに係る全般統制（IT全般統制）のチェックリスト】　160

第6章
【DX推進に係るチェックリスト】　200
【AI利活用に係るチェックリスト】　204

▶キーワード一覧

序　章
序-①　産業技術（OT）システム　4

第1章
1-①　ESG　23
1-②　情報（インフォメーション，インテリジェンス），データ　26
1-③　WHYツリー　30

第2章
2-①　開発・調達　47
2-②　セキュリティ・バイ・デザイン　50
2-③　スクラムの5つのイベント　61
2-④　プロダクト・バックログ　64
2-⑤　スプリント・バックログ　65

第3章
3-①　情報セキュリティマネジメントシステム（ISMS）　78
3-②　NISTサイバーセキュリティフレームワーク 2.0（NST CSF 2.0）　78
3-③　セキュリティ情報とイベント管理（SIEM）　91
3-④　フォレンジック（Forensic）調査　92
3-⑤　レッドチーム演習（Read Team）　109

第4章
4-①　ASP　118

xiii

第6章

6-① デジタルデータ，デジタル技術　171
6-② マーケティングの4P分析　180
6-③ AIシステム　187
6-④ 説明可能なAI，ビッグデータ，ニューラルネットワーク，デバッグ　192

▶コラム一覧

第1章

1-① ガバナンス，ITガバナンス　20
1-② 会社法の要求事項　24
1-③ ITガバナンスのイネーブラー　27
1-④ 取締役の善管注意義務，経営判断の原則　33

第2章

2-① PDCAサイクルとPDSAサイクル　39
2-② プロジェクト成功の鍵　43
2-③ EUCとそのリスク　56
2-④ アジャイルソフトウェア開発宣言　62

第3章

3-① SOCとCSIRTの違い　82
3-② リスクアセスメント手法　85

第4章

4-① 事業と業務　118
4-② 経済安全保障と業務継続管理（BCM）　127

第5章

5-① サイバーセキュリティをどのように考えるのか　147
5-② 外部委託の利用における留意点　154

第6章

6-① ITを活用した新しいビジネスモデル（1）ロングテール戦略　167
6-② ITを活用した新しいビジネスモデル（2）スマート・ファクトリー　168
6-③ ビジネスモデルと戦略　171
6-④ 適切にして十分な情報　175
6-⑤ PESTLE　181
6-⑥ 最適化の基準と満足基準　185
6-⑦ 提供するデータ　194
6-⑧ 生成AI　198

終　章

終-① ジョハリの窓　215

序章

ITの発展とIT監査への期待

　本書の序章として，IT監査を巡る環境変化を俯瞰したうえで，その環境下で求められ，また期待されるIT監査のあり方を2023年に改訂された経済産業省「システム監査基準」を通して概説する。

I　IT監査を巡る環境変化
II　改訂「システム監査基準」
III　まとめ

IT監査を巡る環境変化

　IT監査に係る変化が著しい。まず情報技術（Information Technol-ogy：IT）に関連する変化であるが，ITの進化，AIの発達，デジタルデータの活用拡大をきっかけにデジタルトランスフォーメーション（DX）が推進されてきており，組織体の発展においてITの利活用の重要性が極めて大きくなっている。

　さらにこのDX推進の１つとして，情報システムと産業システムの連携が進んできており，例えば産業技術（Operational Technology：OT）を内蔵するカメラやセンサー，集音器等の産業システムを通して収集された情報がデジタルデータとして情報システムに内蔵されたAIに送られ，AIがそのデータを分析し，産業システムのロボットに動作を指示するといった産業システムと情報システム，あるいはOTとITの連携・協働といった，いわゆるテクノロジーの利活用も行われているのである。

　また，環境変化や企業間競争の激化に対応するために，アジャイル開発に代表される情報システムの迅速化した開発手法も進化してきている。

　一方，ITの進化とITを活用して作成された情報システムの普及に伴い，情報システムに係る事故や不正も増加してきており，サイバー攻撃の脅威が日々増加してきていると言っても過言ではなく，情報セキュリティが大変重要な経営課題となってきている。

　このような環境下，ITの貢献度合を引き上げ，ITに係るリスクの顕在化を抑えて，企業や団体等の組織体の目的をより効果的，効率的に達成するためのITに係るガバナンス，マネジメントも非常に重要となっている。また，このITガバナンスやITマネジメントに係るモニタリングや監査も一層の重要性を増している。

序章 | ITの発展とIT監査への期待

　具体的には，ITガバナンスを確立・維持するために行うべきこと等を示したISACAのCOBIT2019やISO/IEC TS38501（ITガバナンス：実装ガイド）が公表されている。

　また，わが国においては，ガバナンスの一層の充実を目指してコーポレートガバナンス・コードが改訂されている。さらに「財務報告に係る内部統制の評価及び監査の基準並びに財務報告に係る内部統制の評価及び監査に関する実施基準」が改訂され，その中でもITへの対応に関する記述が拡充された。

　さらに，こういった環境変化への対応も背景の1つとして，内部監査をはじめとするモニタリング機能強化を狙いに，内部監査人協会（The Institute of Internal Auditors：IIA）も，防衛の三線モデル（The Three Lines of Defense in Effective Risk Management and Control）の発展形である三線モデル（Three Lines Model）を公表し，さらに内部監査の専門職的実施の国際基準（International Standards for the Professional Practice of International Standards）に代わる新たな内部監査の基準として，2024年に「グローバル内部監査基準」（Global Internal Audit Standards）を公表した。

　こうしたITを取り巻く環境変化を踏まえて，経済産業省「システム監査基準」と「システム管理基準」が2023年に改訂された。

　したがって，経済産業省「システム監査基準」（2023年4月26日改訂）は，上記のようなIT監査を取り巻く環境変化を踏まえて改訂されたIT監査基準であるので，本章では以下で経済産業省「システム監査基準」（以下，「システム監査基準」）を概説することによって，本書で取り扱う，IT監査の全体像を示していく。

キーワード序-① 産業技術(OT)システム

　OT（Operational Technology）システムとは，工場や製造現場，インフラ施設などで使用される技術，及びそれらの技術を用いて構築されたシステムを指す。具体的には，工場の生産ラインで製品を製造するのに用いられる制御システムや，発電所や送電網で使用されるエネルギー管理システム，鉄道や交通信号等を制御する交通管理システムがある。

　一般的な情報システムであるIT（Information Technology）システムは情報処理や通信を目的とするのに対し，OTシステムでは物理的なプロセスや機械の制御を目的とする点に違いがある。

　近年では，ITシステムとOTシステムの連携が進み高い効果を生み出す原動力となる一方で，サイバーテロや武力攻撃の標的として発電所，交通機関といったインフラが狙われ，企業の業務継続にとっての重要性が高い。

改訂「システム監査基準」

1　「システム監査基準」の構成

　改訂された「システム監査基準」の構成は前文，意義と目的，監査人の倫理，基準，用語集となっている。この構成は，IIAのグローバル内部監査基準の構成（内部監査の目的，倫理と専門職としての気質，内部監査部門に対するガバナンス，内部監査部門の管理，内部監査業務の実施）とほぼ同様であり，考え方は整合している。

　すなわち，まず内部監査，あるいはIT監査の目的を明示し，その目的を果たすために要求される倫理を明示し，しかる後に具体的に内部監査やIT

◎図表序-1 「システム監査基準」の構成とグローバル内部監査基準の構成◎

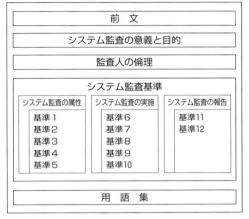
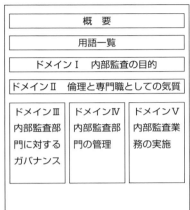

監査に係る基準を示している。これは、適切な監査を行う前提として倫理が必要であることを主張している。

なお、「システム監査基準」の改訂においては、システム監査にとって普遍的な内容は「システム監査基準」に記述し、実施方法等のシステム監査を取り巻く環境の変化への対応が期待されるより具体的な内容については、環境の変化へのより迅速な対応が可能となるよう、「システム監査基準ガイドライン」で対応する形態に変更されている。

2 システム監査の目的

(1) システム監査の定義

「システム監査基準」の「システム監査の意義と目的」では、まずシステム監査を次のように定義している。

「システム監査とは、専門性と客観性を備えた監査人が、一定の基準に基づいてITシステムの利活用に係る検証・評価を行い、監査結果の利用者

にこれらのガバナンス，マネジメント，コントロールの適切性等に対する保証を与える，又は改善のための助言を行う監査である。」

まず，システム監査の定義において注意を払うべきは，検証・評価の対象をITシステムとしていることである。「システム監査基準」の共通用語集ではこのITシステムを「IT，情報システム，データ・情報をまとめた概念を指す。」としたうえでITシステムの利活用を「ITと情報システムの利活用，情報・データの利活用をまとめた概念であり，組織体の目的や目標の達成のために，ITシステムを用いることをいう。ITシステムの利活用には，ITシステムの利活用を企画，計画するプロセスと，その企画，計画に基づいて，電磁的データや情報を収集，処理，加工，保存，発信，変換するためにITシステムを用いるプロセスがある。したがって，組織体内部におけるITの計画，調達，外部委託，設計，統合，検証，移行，運用，保守及び廃棄のプロセスの他，外部ITサービスの調達及び利活用のプロセスが含まれる。」としている。

したがって，検証・評価の対象は大きくは，ITの利活用，情報システムの利活用，情報・データの利活用が含まれる。具体的には，ITの利活用には，データベースの方式や設計，ネットワークの方式や設計，情報セキュリティが含まれ，情報システムの利活用には，情報システム戦略の策定・実施，個別の情報システムの開発，運用・利用，保守，廃棄といったシステム・ライフサイクルの各プロセス等が含まれ，情報・データの利活用には，情報・データの識別・分析，加工による検知，予測，判断の各プロセス等が含まれる。

また，検証・評価の粒度としては，個別情報システムを単位として検証・評価していくこともあれば，情報システムが利活用されている業務プロセスごとに検証・評価していくこともあれば，戦略の有効性評価の中で検証・評価をしていくこともあり，個別のIT監査の目的に適した粒度で検証・評価していくことが重要である。

また，定義では，システム監査は，ガバナンス，マネジメント，コントロールの適切性等に対する保証又は助言を行う監査としており，監査結果の利

用者は，ガバナンス，マネジメント，コントロールに係る適切な関係者となる。例えば戦略の有効性に関する監査結果や，リスク・マネジメントやコントロールのプロセスで発見された事項の根本原因がガバナンス・プロセスに由来するような場合は，取締役会をはじめとしたガバナンスの関係者が第一義的な監査結果の利用者となる（ITガバナンスについては第1章を参照のこと）。また，マネジメントやコントロールの運用に問題があるような場合は，経営者やそのプロセスの構成要員が第一義的な監査結果の利用者になる。

（2）システム監査の目的

　次にこの定義を踏まえて，システム監査の目的を「システム監査基準」の「システム監査の意義と目的」では，「ITシステムに係るリスクに適切に対応しているかどうかについて，監査人が検証・評価し，もって保証や助言を行うことを通じて，組織体の経営活動と業務活動の効果的かつ効率的な遂行，さらにはそれらの変革を支援し，組織体の目標達成に寄与すること，及び利害関係者に対する説明責任を果たすことである。」としている。

　ここでは，システム監査自体の目的とその目的を遂行する手続きが記載されている。

　まずシステム監査の目的として，①組織体の経営活動と業務活動の遂行ひいては組織体の目的達成への寄与という組織体の遂行責任への貢献と②説明責任を果たすことの2つを挙げている。

　最初の遂行責任への貢献であるが，ITシステムは組織体の目的達成のために利活用されることから，ITシステムの利活用の改善が組織体のより効果的・効率的な目的達成につながるのであり，IT監査は保証・アシュアランスや助言の提供により，ITシステムの利活用の向上を導き，ひいては組織体のより効果的・効率的な目的達成に貢献することになる。

　次に説明責任を果たすということであるが，①監査結果について，ITシステムに係る監査人が取締役会や経営者，被監査部署等のIT監査のステークホルダーに説明責任を果たすことと，②取締役会や経営者，被監査部署等

が彼らのステークホルダーに対して彼らの責任の遂行状況について説明する際に必要となる情報や資料等を提供するといった彼らが説明責任を果たすための支援という2つの機能が考えられる。

　監査人が，IT監査のステークホルダーに対して説明責任を果たすためには，適時適切に監査結果を報告することが必要であるが，第一に適切に監査が行われていることが大前提であり，また監査が適切に実施されたことを証明するために，監査報告書だけでなく監査計画，発見事項，監査メモ等を含めた監査調書が整備され，保管されていることも必要である。

　また組織体の説明責任遂行の支援についてであるが，非財務情報の開示の必要性や株主との対話の重要性が主張されており，取締役や経営者がDXの推進，IT戦略やITリスクの管理等についてステークホルダーに対して説明を行う際にも，IT監査の結果は説明内容を裏付ける根拠の1つとなり得る。

　次にシステム監査の目的を果たすための手段であるが，「システム監査基準」は，保証と助言の2つを示している。

　保証は，英語ではassurance あるいはassurance servicesであり，そのままアシュアランスという用語もよく用いられている。取締役会や経営者等の依頼により，監査対象のあるべき姿や適合すべき規準と現状のギャップ分析・評価を行い，その結果を報告する業務であり，適切な場合には監査意見の表明や提言を行うものである。

　一方，助言とは，英語ではadviceあるいはadvisory servicesであり，そのままアドバイザリーという用語もよく用いられている。依頼者からの依頼に応えて助言や提言等を行う業務である。

　「システム監査基準」の基準6，解釈指針2.（2）において，保証を目的としたシステム監査計画は主としてリスク・アプローチで策定されるのに対して，助言を目的としたシステム監査は，「システム監査の依頼者と監査人との合意により監査の内容が決定される。その場合，監査の内容についての協議は，統制リスク評価に基づいてなされる場合もあれば，残存リスク評価に基づいてなされる場合もある。」とされている点には注意を要する。これは，

従来から，現状を少しでも改善するために，あるいはすぐに改善できるところから改善するためにといった観点から助言を目的としたシステム監査は実施されてきた面があり，それはそれで有益ではあるが，そのアプローチでは，情報漏えいの防止や，システムダウン防止等，統制の十分な有効性を求められる事項の助言としては効果が不十分であるとの認識によるものである。情報漏えいやシステムダウンを無くすための助言をお願いしたいという取締役会等や経営者からの期待に応えるためには，客観的なリスク評価を踏まえた，あるいは保証を目的としたシステム監査の結果に基づく助言が有益である。よって，従来型の助言活動と客観的なリスク評価を踏まえた助言活動の両方を含むものとして，「システム監査基準」基準6，解釈指針は上記の記載内容となっている。

3 システム監査における倫理

前述したように「システム監査基準」では，個別の監査基準に先立ち，「監査人の倫理」が配置されている。その理由は次の4点による。
①　監査人にとって倫理は，基準に適合した監査を行う前提になるため
②　監査人が基準を自分勝手な解釈をしないためにもまず倫理が重要となる
③　システム監査を巡る環境が変化し，基準が未対応の「未知との遭遇」があった際にも倫理は監査人が行うべき行為の指針となる：AIの時代では，大量のデータを取り扱うため，倫理がより重要となってくる
④　監査人の倫理に適合した監査を行うことと併せて，監査人が，監査の利用者からの信頼を得る源泉となる

この「監査人の倫理」においては，4つの倫理の原則が挙げられている。すなわち，誠実性，客観性，監査人としての能力及び正当な注意，そして秘密の保持である。
誠実性をもって監査を行うのが前提であり，組織体にとって有益な監査で

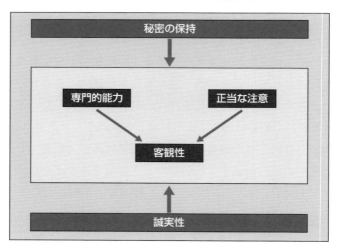

◎図表序-2　倫理の原則の関係性◎

あるためには監査が客観的でなければならず，監査結果が客観的でない場合には監査結果の利用者は判断を誤る可能性が高くなる。また，客観的な監査を行うためには，監査人は適切な能力を保有したうえで，正当な注意を払って監査を行う必要がある。さらに，監査に関係する秘密を保持することが，監査の関係者から信用され協力を得る前提となる。この4つの原則の関係性を図示すると**図表序-2**のようになる。

　なお，倫理については，監査人に対する倫理と監査部門に対する倫理の両方があり，例えば客観性でいえば，個人に対する客観性の保持と，人間は誤謬から完全には逃れられないとの前提に立ったうえで個人やチームが実施した監査内容を部門でレビューし，誤りがあれば正すといった部門としての客観性の保持の2つがあり，部門としての倫理については，「システム監査基準」では主として基準2，4，5で取り扱っている。またIIAのグローバル内部監査基準では，ドメインⅡ「倫理と専門職としての気質」で倫理を取り扱っており，内部監査部門に対する倫理は，内部監査人に対する倫理とは別に内部監査部門の責任者である内部監査部門長に対する倫理として取り扱っている。

序章 ITの発展とIT監査への期待

4 システム監査の基準

「システム監査基準」では，12個の個別の基準を設けているが，これらは次の3つのカテゴリーに分けられる。すなわち，システム監査の属性に係る基準，システム監査の実施に係る基準，システム監査の報告に係る基準である。**図表序-3**を参照されたい。

図表序-3　個別のシステム監査基準と3つのカテゴリー

システム監査基準					
システム監査の 属性に係る基準		**システム監査の 実施に係る基準**		**システム監査の 報告に係る基準**	
基準1	システム監査に係る権限と責任等の明確化	基準6	監査計画の策定	基準11	監査報告書の作成と報告
基準2	専門的能力の保持と向上	基準7	監査計画の種類	基準12	改善提案（及び改善計画）のフォローアップ
基準3	システム監査に対するニーズの把握と品質の確保	基準8	監査証拠の入手と評価		
基準4	監査の独立性と客観性の保持	基準9	監査調書の作成と保管		
基準5	監査の能力及び正当な注意と秘密の保持	基準10	監査の結論の形成		

（1）システム監査の属性に係る基準

このカテゴリーは，IT監査がどうあるべきかに関する基準により構成されており，「基準1　システム監査に係る権限と責任等の明確化」，「基準2　専門的能力の保持と向上」，「基準3　システム監査に対するニーズの把握と品質の確保」，「基準4　監査の独立性と客観性の保持」，「基準5　監査の能

11

力及び正当な注意と秘密の保持」の５つの基準が設けられている。

　これらの基準の要求事項は，IT監査を行う組織に対する倫理と，IT監査を行う組織や人員のあるべき姿に関する事項である。

　「基準１　システム監査に係る権限と責任等の明確化」ではIT監査の目的が与えられてその目的を効果的・効率的に達成するために必要な権限と監査に係る責任は，文書化されてかつその内容が組織体全体に周知されている必要性が示されている。

　また，「基準３　システム監査に対するニーズの把握と品質の確保」では，組織体に役立つ監査を実施する観点から，IT監査のステークホルダーのニーズを把握した上で監査を行うことと，品質の確保・向上のために，監査の品質評価の実施を含め体制の継続的改善とを要求している。

　「基準２　専門的能力の保持と向上」，「基準４　監査の独立性と客観性の保持」，「基準５　監査の能力及び正当な注意と秘密の保持」は，システム監査を担う組織と人員への倫理基準である。基準４では監査が客観的であるための前提として，独立性も要求されている。監査人が客観的な監査を行うため，また監査結果が客観的であると監査結果の利用者に信用してもらうためには，監査人は被監査対象から独立性を保持していることが求められる，この独立性は，被監査対象から不適切な精神的な圧力を受けず公正な判断を行うという精神的な独立性と，被監査対象と特別な利害関係にない等の外観的な独立性の両方の保持が求められている。

（２）システム監査の実施に係る基準

　このカテゴリーは，システム監査の属性に関する基準を踏まえて，IT監査実施のプロセスで適合すべき基準で構成されており，「基準６　監査計画の策定」，「基準７　監査計画の種類」，「基準８　監査証拠の入手と評価」，「基準９　監査調書の作成と保管」，「基準10　監査の結論の形成」の５つの基準である。

　「基準６　監査計画の策定」では，監査計画はリスク・アプローチに基づ

いて策定し，リスクの変化に基づいて必要な場合は期中でも計画の見直し，変更せねばならないことが示されている。また，監査計画を大きく分けると，中長期計画，年度計画，個別監査計画の3種類があることが「基準7　監査計画の種類」で示されている。

また「基準8　監査証拠の入手と評価」では，監査は適切に監査手続きを実施し，監査証拠を入手，評価すること，「基準10　監査の結論の形成」では，入手し評価した十分かつ適切な監査証拠に基づき監査の結論を導かねばならないことが示されている。さらに「基準9　監査調書の作成と保管」では，監査証拠となる発見事項だけでなく，監査計画や監査手続等，実施した監査を再現するために必要となるすべての文書を監査調書として作成し，保管しなければならないことを要求している。監査調書が，実施した監査の客観性，有効性を証明する証拠となる。

なお，具体的な主題に係る監査の実施の方法については，本書の第1章から第6章を参考にされたい。

（3）システム監査の報告に係る基準

このカテゴリーもシステム監査の属性に関する基準を踏まえた上で，システム監査の報告に係る，「基準11　監査報告書の作成と報告」，「基準12　改善提案（及び改善計画）のフォローアップ」の2つの基準で構成されている。

「基準11　監査報告書の作成と報告」では，監査報告書は監査の目的に応じて適切な形式で作成され，監査依頼者および適切な関係者に報告されねばならないことが示されている。

なお監査報告書について，保証を目的とする監査では少なくとも，監査の目的，範囲，結果が記載される必要があり，通常記載される項目はある程度決まっているが，助言を目的とする監査では，監査報告書の様式や記載内容等は，監査の依頼者と監査人の間で同意した依頼内容に適するものとする必要がある，

また，「基準12　改善提案（及び改善計画）のフォローアップ」では，監

査人は監査結果の報告後，改善・是正を求めた事項が被監査部署によって適切に改善・是正されていくかをモニタリングしていく必要があり，改善・是正が不十分な場合は，被監査部署に対して再度の改善・是正を要請する必要があることが示されている。

　以上が，個別のシステム基準についての概説である。「システム監査基準」の監査人の倫理の原則も，個別のシステム監査基準も，システム監査が組織体の目標達成に寄与し，組織体が利害関係者に対する説明責任を果たすことを支援するという，システム監査の意義と目的を果たすために設けられているのである。

Ⅲ　まとめ

　本章では，IT監査を巡る環境の変化を踏まえて，今求められるIT監査のあり方を，2023年に改訂された経済産業省の「システム監査基準」を通して説明してきた。

　組織体の発展においてITの利活用が極めて重要となっている一方で，ITの高度化，普及等によって，DXやAIの利活用といったあるべき姿や評価の規準がまだ必ずしも明確でないといった新しい課題が出てきている。

　変化の時期であるからこそ，組織体がその目的達成のためにいかにITに係るリスクを管理し，ITの関係者のコンプライアンスを徹底しつつ，いかにITを利活用していくかは，重要な経営課題となっており，この経営課題への対応，さらには組織体の目的達成を，監査を通じて支援するIT監査機能へのステークホルダーの期待は高い。ITに係る監査人は，IT監査の目的を再認識し，倫理に基づいて，適切な監査体制の下，適切に監査を実行・報告し，組織体の目標達成に役立つIT監査を実施することが求められている。

参考文献

一般社団法人日本内部監査協会編［2021］『IT監査とITガバナンス（補訂版）』同文舘出版。

経済産業省［2023a］「システム監査基準」。

経済産業省［2023b］「システム管理基準」。

The Institute of Internal Auditors［2024］Global International Standards.（The Institute of Internal Auditors訳［2024］「グローバル内部監査基準」。）

日本公認会計士協会［2022］「倫理規則」。

中村元彦，吉武一［2023］「システム監査基準の全体像と改訂のポイント」一般社団法人日本内部監査協会開催第57回内部監査推進全国大会講演。

吉武一［2023a］「『システム監査基準』の改訂について」『月刊監査研究』第49巻第7号。

吉武一［2023b］「IPPFの進化（IPPF Evolution）―内部監査人協会『専門職的実施の国際フレームワーク』改訂の経過―」『月刊監査研究』第49巻第3号。

ポール・ソーベル，吉武一［2024］「IPPF Evolution　内部監査の専門職的実施の国際フレームワーク（IPPF）の進化」『月刊監査研究』第50巻第1号。

第 1 章

ITガバナンスに係る監査

ITガバナンスの役割がますます重要になってきている。本章では，ITガバナンスの定義，目的，成功要因について述べた後，ITガバナンスに係る監査のあり方について説明する。

Ⅰ　ITの発展と普及
Ⅱ　ITガバナンス
Ⅲ　ITガバナンスに係る監査
Ⅳ　まとめ

Ⅰ ITの発展と普及

　ITは，組織体の活動の様々な側面で活用され，組織体の目的達成を支援してきている。組織体におけるITの活用の例は**図表1-1**のとおりであるが，IT活用の増加とともに，ITに係るリスクの顕在化が組織体に与える影響も大きなものとなってきている。ITに係るリスクの顕在化の例は**図表1-2**のとおりである。ITに係るリスクの顕在化の真因が，現場にあることが多いが，ガバナンスに由来することもある。したがって，組織体の目的達成のためのIT活用のIT戦略とITに係るリスク管理のITリスク・マネジメントを一体的に取り扱うITガバナンスが組織体にとって極めて重要な事項となってきている。本章ではITガバナンスの定義と目的を説明したうえで，ITガバナンスの継続的な改善に貢献する監査のあり方について説明する。

◎図表1-1　ITの活用例◎

ITの活用分野	活用する情報システムの例
①経営判断・意思決定支援	経営情報システム，意思決定支援システム等
②成果増大（収入増強等）	ビジネスモデルの創出，CRMシステム，e-コマース関連システム等
③業務処理支援（迅速化・堅確化等）	ERP，会計システム等
④効率化支援（経費・コスト削減等）	情報保存システム，クラウド等
⑤リスク管理強化	リスク計量化システム，レッドフラッグ検知等
⑥法令・基準等対応	ID，パスワード，マネーローンダリングシステム等
⑦コミュニケーション促進支援	Eメール，グループウェア，インターネット等
⑧モニタリング強化	CAATTs，監視・検知システム等

◎図表1-2　ITリスク顕在化の例◎

顕在化したITリスクの事象	未達となる目標
DXの遅れ	価値の提供不足
システムの機能不全（期待される機能の未発揮）等	有効性未達
システム開発の予算オーバー，期日経過等	効率性未達
提供される情報が不正確等	信頼性未達
情報漏えい等	機密性未達
情報改ざん等	インテグリティ未達
システム・ダウン等	可用性未達
安全基準未達等	コンプライアンス違反

II ITガバナンス

1 ITガバナンスの定義

　ガバナンスとは，主として取締役会が担う機能であり，組織体内外の状況評価に基づき組織体の基本的枠組み，経営計画の意思決定，方向付けを行い，その実施，執行を経営者（業務執行取締役，執行役員等）に指示し，経営者による執行状況を監視・監督していく機能であるといえる。このようにガバナンスを取締役会等が担う，評価・意思決定，指示，監視・監督であるとした場合，ITガバナンスは，ITシステム（ITシステムの定義は序章第II節2.（1）参照）に係る，取締役会等による評価・意思決定，指示，監視・監督の機能ということになる。

　具体的には，組織体の経営計画，基本戦略に沿ったIT戦略やシステム投資基本方針の決定，IT戦略実施のための体制やIT戦略の目的達成の阻害要

因であるリスク（法務リスクを含む）を管理するITリスク・マネジメント体制の整備，IT戦略の遂行状況およびITリスク・マネジメント状況の監督・監視等がITガバナンスの内容となる。

また，組織体の社会的責任の遂行やステークホルダーとの対話が重視される環境下では，ガバナンスやITガバナンスは，評価・意思決定，指示，監視・監督を適切に行うという遂行責任を果たすだけでなく，適切に行っているという説明責任を果たす必要がある。

コラム1-① ガバナンス，ITガバナンス

ITガバナンスとは，経済産業省の「システム監査基準」の共通用語集ではITガバナンスについて次のように定義している。

「組織体のガバナンスの構成要素で，取締役会等がステークホルダーのニーズに基づいて，組織体の価値及び組織体への信頼を向上させるためのITシステムの利活用に係る機能である。具体的な機能は，組織体におけるITシステムの利活用のあるべき姿を示すIT戦略と方針の策定，経営者へのその実施指示，及び経営者への実施状況に係る監視，監督である。ほとんどの組織体において，取締役会等の統治機関がガバナンス全体の責任を負う。統治機関には，上記の実行責任と，適切に遂行していることを示す説明責任の両方を果たすことが求められる。」

またISACAのCOBIT5は，ガバナンスについて次のように説明し，EDMモデルを提唱している。EDMモデルは，EはEvaluate（評価），DはDirect（方向づけ・指示），MはMonitor（モニタリング）を指し，ガバナンスの重要領域をこの評価，方向づけ・指示，モニタリングとするモデルである。

「ガバナンスとは，ステークホルダーのニーズや，条件，選択肢を評価し，優先順位の設定と意思決定によって方向性を定め，合意した方向性と目標に沿ってパフォーマンスや準拠性をモニターすることで，事業体の目標がバランスを取って，合意のうえで決定され，達成されることを保証するものである。ほとんどの事業体において，取締役会長のリーダーシップの下，取締役会がガバナンス全体の実行責任を負う。特に大きく複雑な事業体では，特定のガバナンスの実行責任が，適切なレベルの，特定の組織構造に割り当てられることがある。」(ISACA [2012] Executive Summary)

◎図表1-3　COBITのガバナンスとマネジメントの重要領域◎

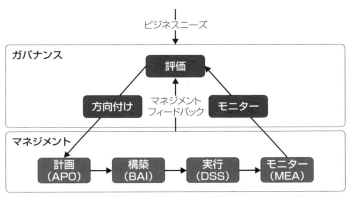

出所：ISACA［2012］図表30「COBIT5のガバナンスとマネジメントの重要領域」

2　ITガバナンスの目的

　それでは，なぜITガバナンスが必要なのか，ITガバナンスの目的について説明する。
　COBIT4.0　図2 ITガバナンスの重点領域では，ガバナンスの目的として，戦略との整合性，価値の提供，リスクの管理，資源の管理，成果の測定の5つを挙げているが，この5つの目的をより動的に考えると，ITガバナンスの各目的は**図表1-4**のように関係付けられる。
　ITガバナンスの目的とは，組織体の経営戦略に整合したIT戦略を決定すること，そのIT戦略の遂行によりITシステムが組織体に価値を提供することを確実にすること，ITが組織体に価値を提供するために経営者による法令等への適合と適切なITリスク・マネジメントを確実にすること，さらには，IT戦略の組織体の経営戦略との整合性，ITリスク・マネジメント，価値の提供の各々の程度を高め継続的に改善していくために，達成具合（成果）を計測していくことである。なお，DX推進の一環として，組織体の戦略との

整合の中には，ITを活用した全社的な新戦略や新ビジネスモデルの策定も含まれる。また，COBIT4.0が示す資源の管理は，図表1-4ではプロセス管理とともにITリスク・マネジメントに含まれている。組織体にとってのリスク許容範囲の適切な決定と適切なリスク・テイクの下で，IT資源の適切な確保と活用により，ITは組織体に価値を提供していく。

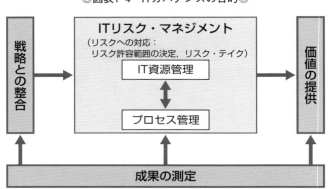

◎図表1-4　ITガバナンスの目的◎

出所：IT Governance Institute［2007a・b］を参考に作成

　ここでIT活用による価値の提供とは，組織体の数値目標や達成目標等の業務推進に係るいわゆる攻めの目的達成への貢献だけなく，社会的要求事項や法令等への適合，リスク・マネジメントといった守りの目的達成への貢献も含んでいる。なお，ITは目標達成に有用のツールであるが同時にITに係るリスクも存在しており，ITに係るリスクの管理体制の整備もITガバナンスの対象となる。

　以上が従来からのITガバナンスの目的であるが，さらに，サステナビリティやESG（**キーワード1-①参照**）の推進という潮流の中で，ITを利活用した社会貢献もITガバナンスの目的に含めるべきとの社会的要求が高まっている。

> **キーワード1-①　ESG**
>
> ESGとは，Environment（環境），Social（社会），Governance（ガバナンス）の略で，これらの観点を踏まえた組織体の活動が求められている。

また，ITガバナンスの目的は，ガバナンス機能の発揮だけで達成されるものではなく，取締役会から指示を受けた経営者による，IT戦略の実施とITリスク・マネジメントやIT統制の適切な運用によって実現されていく。IT統制のフレームワークは**図表1-5**のように考えられるが，図表1-4のITガバナンスの目的と図表1-5の核となる要素はつながっている。

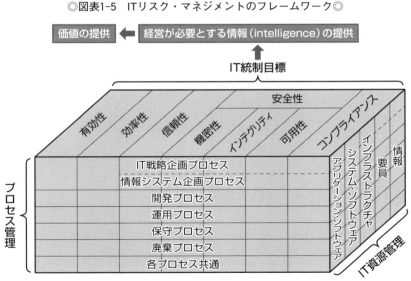

◎図表1-5　ITリスク・マネジメントのフレームワーク◎

出所：ISACA［2012］および経済産業省［2018］を参考に作成

すなわち，図表1-4におけるリスク・マネジメントのIT資源管理は，図表1-5の右下のIT資源管理につながり，同様に図表1-4のプロセス管理，価値の提

供は図表1-5の各々のプロセス管理，価値の提供につながっている。

　したがってこのつながりの意味することは，ITガバナンスとITリスク・マネジメント，IT統制は，組織体の運営において連続性があり，相互に影響している機能であるということである。

コラム1-②　会社法の要求事項

　日本の会社法は，取締役に委任できない業務執行の決定事項の1つとして内部統制の体制整備（「取締役の職務の執行が法令及び定款に適合することを確保するための体制その他株式会社の業務の適正を確保するために必要なものとして法務省令で定める体制の整備」）を挙げている。ここで整備が求められている内部統制の体制とは，情報の保存・管理，リスクの管理（「損失の危険」），コンプライアンス，効率的な執行，企業集団の内部統制，監査役等監査体制である（監査役設置会社：会社法362条，会社法施行規則100条，指名委員会等設置会社：会社法416条，会社法施行規則112条，監査等委員会設置会社：会社法399条，会社法施行規則110条，取締役会非設置会社：会社法348条，会社法施行規則98条。機関設計によっては，上記の体制整備で該当しない事項はある）。これらの体制整備は，取締役会（取締役会非設置会社は取締役の過半数で決定）で決定する必要があり，ガバナンス機能の役割・責任である。

3　ITガバナンスの成功要因

　ITガバナンスが機能してITガバナンスの目的の達成を可能にする成功要因（イネーブラー）として，**図表1-6**の「基本方針，機関設計等基本的枠組み」，「企業文化・DNA，倫理，コンプライアンス」，「情報（インフォメーション，インテリジェンス）・データ」，「組織構造，体制」，「人材，協力者（外注先等）」，「情報システム（インフラストラクチャ，ソフトウェア）」，「事業体の職場，プロセス」がある。

　「基本方針，機関設計等基本的枠組み」，「企業文化・DNA，倫理，コンプ

ライアンス」は，ガバナンスの土台というべきもので，これらが適切に整備・運用されてこそガバナンスが機能する。なお，「企業文化・DNA，倫理，コンプライアンス」は，組織体構成員のそれぞれの場での日々の思考や行為を通して時間をかけて組織体として構成されていくものであるが，その出発点は取締役会等のガバナンス機能による意思決定，コミットメント，体制整備等にある。

◎図表1-6 ITガバナンスの成功要因（イネーブラー）◎

ガバナンスの土台 （環境）	基本方針，機関設計等基本的枠組み
	企業文化・DNA，倫理，コンプライアンス
ガバナンスに係る コミュニケーションの媒体， 判断根拠	情報（インフォメーション，インテリジェンス）・データ
ガバナンスの有効性を 発揮するための担い手	組織構造，体制
	人材，協力者（外注先等）
	情報システム （インフラストラクチャ，ソフトウェア）
ガバナンスの有効性が 結果として現れる場	事業体の職場，プロセス

次に「情報・データ」（キーワード1-②参照）は取締役会等のガバナンス機能と経営者等によるマネジメント機能をつなぐコミュニケーションの媒体であり，両者にとっての判断根拠でもある。取締役会は，情報・データに基づき評価し，経営者等に指示し，情報・データによって監督していく。経営者は情報・データに基づいて管理し，情報・データを用いて取締役会等に報告する。したがって，「情報・データ」は，適切な評価，意思決定，指示，報告，監視・監督において，その行為の根拠となるものである。

キーワード1-②　情報（インフォメーション，インテリジェンス），データ

　英語では，日本語の情報に当たる用語としてinformationとintelligenceの2つがあって，使い分けがなされている。
　intelligenceとは，様々なinformationを収集，分析，加工して判断や意思決定に利用可能にしたものをいう。
　ITシステムの機能の1つは，ITシステムにデータ（様々な定性的または定量的な数値または非数値の集まり）として入力された様々なinformationを組織体運営に有効なintelligenceに加工することである。

　さらに「ガバナンスに係る土台」が整備され，「コミュニケーションの媒体，判断根拠」となる「情報・データ」が整ったところで，ガバナンスにその「情報・データ」を提供し，またガバナンスからの指示を実行する「ガバナンスの有効性を発揮するための担い手」が必要となる。「ガバナンスの有効性を発揮するための担い手」となり得るのが，「組織構造，体制」，「人材，協力者」，「情報システム（インフラストラクチャ，ソフトウェア）」である。
　ガバナンスへの「情報・データ」の提供およびガバナンスからの指示事項の実行については，個人で行うことだけでなく，部やグループ等の組織や体制で実施した方が効果的かつ効率的に行えることも多い，人材においても，任務達成に適切な能力（知識，スキル，経験等）を持った要員を必要な人数確保する必要がある。自らの組織体の中で，十分な人材を確保できない場合

は，組織体外部の専門家の活用やアウトソースの利用等を行う。そしてますます重要な担い手となっているのが「情報システム（インフラストラクチャ，ソフトウェア）」である。情報システムを利活用することにより，情報収集，分析，意思決定，モニタリング，コミュニケーションをより効果的・効率的に行うことができる。

　そして，この「ガバナンスの有効性を発揮するための担い手」が，実際に活動する「ガバナンスの有効性が結果として現れる場」が必要となる。「事業体の職場，プロセス」は，ガバナンスの機能の結果が現れる場である。ガバナンスの有効性は，組織体全体としての事業体という場と事業体の活動を構成する各業務プロセスという場で，ガバナンスの有効性が結果として現れる。

コラム1-③　ITガバナンスのイネーブラー

COBIT5は次の7つのイネーブラーを示している。
「1．原則，ポリシーおよびフレームワーク」，「2．プロセス」，「3．組織構造」，「4．文化，倫理および行動」，「5．情報」，「6．サービス，インフラストラクチャおよびアプリケーション」，「7．人材，スキルおよび遂行能力」
COBIT5のイネーブラーに相当するものとして，COBIT2019では，次のガバナンス目標に関連する構成要素を示している。
　「プロセス，実践及び活動」，「組織構造」，「情報の流れと項目」，「人，スキル及び専門性」，「ポリシーとフレームワーク」，「文化，倫理及び行動」，「サービス，基盤及びアプリケーション」

---

4 ITガバナンスの目的，機能，成功要因の関係性

　ITガバナンスの目的，機能，成功要因の関係性については，次のように整理できる。

ITガバナンスの目的を達成するために取締役会等は，その機能を発揮して，ITに係る評価・意思決定，指示，監視・監督（EDMモデル）を行う。この評価・意思決定，指示，監視・監督を効果的・効率的に行うためには，ITガバナンスの成功要因が適切に整備され機能することが必要となる。

　したがって取締役会等は，これらの成功要因が適切に働くように基本方針，基本計画や基本的枠組みを決定し，基本方針や基本計画の実施および基本的枠組みの運用を指示する。さらに取締役会等はこれらの成功要因が十分に機能しているか，改善・是正すべき点はないかについて監視・監督し，必要に応じて経営者等に追加の指示を与えることになる。

ITガバナンスに係る監査

　前節まで，ITガバナンスのあり方を説明してきたが，ITガバナンスに係る監査について説明していく。

　ガバナンスは，様々なステークホルダーの利害を調整して，限りある経営資源を適切に配分し，業務推進に係る攻めの活動とコンプライアンスやリスク・マネジメントに係る守りの活動を両立させていく必要があるために，ITガバナンスに係る監査においても，ITガバナンスに係る側面を統合的に監査していく必要があるが，説明の順序として，戦略（攻め）に係る監査をまず説明し，次にコンプライアンスやリスク・マネジメント（守り）に係る監査を説明した後で，攻めと守りの統合的な監査について説明していく。

1　戦略（攻め）に係る監査

　ITガバナンスの目的には，組織体の経営戦略に応じたIT戦略を決定する

ことと，そのIT戦略の遂行によりITシステムが組織体に価値を提供することを確実にすることが含まれると前述した（第Ⅱ節（2）参照）。

したがって監査では，この2つの観点を中心に図表1-4に沿って検証・評価していくことになる。検証の着眼点は次のとおりである。

・IT戦略立案のために，新しいテクノロジーに関する情報を含め，ITに関する重要な情報が提供される体制になっているか
・IT戦略にITシステムを利活用した社会的な貢献が含まれているか
・IT戦略が全社的な戦略と整合しているか
・ITシステムが新しいビジネスモデルの創出に貢献しているか
・IT戦略の策定時には，IT戦略の達成可能性と効果と併せてIT戦略の採択によって新たに生じるリスクとその対応についても検討されているか
・IT戦略に沿ってIT投資計画が策定されているか。IT投資の優先順序を決める具体的な方針やルールはあるか
・IT戦略の遂行状況やITシステムの貢献度をモニタリングする指標等があって，その指標に基づき監視・監督がなされているか
・IT戦略の遂行状況やITシステムの貢献度に問題や課題があった場合に適時に取締役会等に報告され，取締役会等は改善・是正策を指示しているか
・ITガバナンスの状況について，ステークホルダーに対して説明責任が果たせる体制になっているか

監査では，上記につき課題や問題等が発見された場合には，その原因までを探求するのが望ましい。この場合，ITガバナンスの成功要因の各要因（「基本方針，機関設計等基本的枠組み」，「企業文化・DNA，倫理，コンプライアンス」，「情報・データ」，「事業体の職場，プロセス」，「組織構造，体制」，「人材，協力者」，「情報システム」）ごとに真の原因を追求していく。真の原因を追求するにはWHYツリー（**キーワード1-③参照**）等のロジカル・シンキングのツールの活用が有効である。

キーワード1-③　WHYツリー

　問題の真の原因を究明するツールであり，ある問題の発生原因を識別したら，次にはその発生原因がなぜ発生したのかを追求し，次にその発生原因を識別したらまたその発生原因がなぜ発生したのかと，真の発生原因（問題の抜本的対策を立案できるに足る発生原因）にたどり着くまでなぜ（WHY）を繰り返す手法。

2 コンプライアンス,リスク・マネジメント(守り)に係る監査

　前述のようにITガバナンスの目的の1つには，ITが組織体に価値を提供するために経営者による法令等への適合と適切なITリスク・マネジメントを確実にすることが含まれる（第Ⅱ節2.参照）。

　図表1-4のITリスク・マネジメントを踏まえると，監査の着眼点は次のとおりである。

・法令や基準等の制定，改訂，廃止の動向について情報が適時に入手できる体制を整備しているか

・コンプライアンスの状況を監視・監督し，継続的な改善が図れる体制を整備しているか

・リスク・マネジメントの体制（方針等，組織体制等）を整備しているか

・リスク・マネジメントの状況（方針等の遵守，組織体性の機能，IT資源管理，プロセス管理等の状況）を監視・監督し継続的な改善が図れる体制を整備しているか

・組織体の内外で発生している重要な脅威やインシデント，事故の情報（ネガティブ情報）が適時適切に報告される体制が整備されているか，取締役会等は必要に応じて改善・是正策を指示しているか

・ITガバナンスの状況について，ステークホルダーに対して説明責任が果たせる体制になっているか

3 攻めと守りの統合的監査

　今まで，攻めと守りのそれぞれの観点から監査の着眼点を説明してきたが，ITガバナンスは，様々なステークホルダーの利害を調整して，限りある経営資源を適切に配分し，攻めの活動と守りの活動を両立させていく必要がある。また，戦略の立案・実施に伴って，組織体やITシステムに係るリスクも変化する。したがって，監査人はITガバナンスを統合的に監査する必要がある。

　その際には，前述の攻めの監査の着眼点と守りの監査の着眼点と，ITガ

◎図表1-7　ITガバナンス監査の着眼点のマトリックス◎

	戦略	コンプライアンス	リスク・マネジメント	測定（目標と指標）	PDCA（あるべき姿への前進）
原則，ポリシー	・取締役（会）等のコミットメント状況 ・基本方針等，戦略の適切性	・取締役（会）等のコミットメント状況 ・基本方針，規程等の適切性	・取締役（会）等のコミットメント状況 ・基本方針，規程等の適切性	・取締役（会）等のコミットメント状況 ・基本方針，規程等への遵守状況と，その測定体制の整備状況	・取締役（会）等のコミットメント状況 ・基本方針や戦略の見直しと改善状況
企業文化	・取締役（会）等のコミットメント状況 ・戦略重視の文化の醸成状況	・取締役（会）等のコミットメント状況 ・倫理，コンプライアンスを最重要視する文化の醸成状況	・取締役（会）等のコミットメント状況 ・リスク・マネジメント，を重要視する文化の醸成状況	・取締役（会）等のコミットメント状況 ・企業文化の評価の測定体制の整備と企業文化についての評価	・取締役（会）等のコミットメント状況 ・企業文化の継続的な改善状況
情報・データ	・戦略立案，実施における情報・データの入手，活用体制の整備状況	・情報・データを適切に取り扱う体制の整備状況	・情報・データを適切に活用し取り扱う体制の整備状況	・情報・データの活用度と管理の測定体制の整備状況	・情報・データの活用と管理に係る継続的な改善の体制の整備状況
組織体制	・全社的体制の整備状況	・全社的な体制の整備状況	・全社的な体制の整備状況	・ITシステムの全社的な活用と管理に係る測定体制の整備状況	・継続的改善に向けた全社的な体制の整備状況
人材・協力者	・人材の確保，育成体制の整備状況 ・協力者の活用体制の整備状況	・全役職員への徹底体制の整備 ・協力者の活用体制の整備状況	・全役職員への教育，人材育成・確保体制の整備状況 ・協力者の活用体制の整備状況	・人材の充足度，育成に係る測定体制の整備状況 ・協力者の確保，活用，管理の体制整備	・人材，協力者の育成，確保のための体制の整備状況
情報システム	・情報システムの活用体制の整備状況	・情報システムの活用体制の整備状況	・情報システムの活用体制の整備状況	・情報システムの活用度管理水準の測定体制の整備状況	・情報システムの活用と管理の継続的改善のための体制の整備状況
職場，プロセス	・戦略の周知と実施の体制の整備状況	・周知，教育，強化，徹底の体制の整備状況	・リスクに係る感性，対応，管理の継続的改善体制の整備状況	・ITシステムの現場での活用と管理に係る測定体制の整備状況	・継続的改善に向けた現場での体制の整備状況

バナンスの成功要因を踏まえて，監査の着眼点を**図表1-7**のようなマトリックスで検討することも可能である。

　なお，EDMモデルで考えると，図表1-7の事項について適切に評価し，合理的に意思決定しているか，意思決定した事項の実施を経営者に指示する場合に適時適切に指示しているかなど，指示した事項の実施・運用状況について取締役会等は適切に監視・監督しているかも検証する必要がある。

4 監査の担い手

（1）ITガバナンスに係る監査

　ITガバナンスに係る監査の担い手は，第一次的には監査役等と考えられる。監査役等とは，監査役設置会社の監査役（会），指名委員会等設置会社の監査委員（会），監査等委員会の監査等委員（会）である。彼らは，会社法で取締役の職務の執行を監査することを要求されている（監査役：会社法381条，1項，監査等委員会：会社法399条の2，3項，監査委員会：会社法404条，2項）。機関設計上，監査役は，自らの監査を補助する使用人を活用してITガバナンスに係る監査を行い，必要に応じて監査の連携の枠組みの中で内部監査人やIT監査人（以下，内部監査人）に支援を依頼する。一方，監査委員会や監査等委員会は，その構成員が取締役であり，内部統制システムを活用した組織監査を前提とした機関設計であるため，内部監査人やシステム監査人にITガバナンスに係る調査を指示し，その結果を受けて監査委員会，監査等委員会としての判断を行い，監査の結論を下すことになる。

（2）ITガバナンスに貢献する監査

　内部監査人は，監査委員会，監査等委員からの指示等により，ITガバナンスに係る監査を行うこともあり得るが，主にはITシステムに係る業務執行状況についての監査を実施する。内部監査人はITシステムに係る業務執行状況についての監査によって，ITガバナンスの向上に貢献することがで

きる。

　ガバナンスの有効性についての評価は，基本的枠組みや組織体制の整備状況，基本となる方針や基本規程等の整備状況等，体制の整備状況の監査といったトップダウンのアプローチだけでは限界がある。なぜならガバナンスの有効性は，ガバナンスの指示を受けて行われる組織体のマネジメントの中で発揮されるからである。したがってガバナンスの有効性を評価するためには，組織体制が設計されたとおりに機能しているのか，基本方針や規程等が遵守され効果を発揮しているか等，現場の状況についての検証が必要である。

　内部監査人はITシステムに係る監査を通じて識別する様々な発見事項の評価により，ITガバナンスの向上に貢献することができる。例えば，発見した不備の根本的発生原因がITに対する取締役会のコミットメント不足の場合もあるし，取締役会での決議事項である経営資源の配分で，IT部門への配分不足の場合もある。また，仮説と検証という用語があるように，取締役会での戦略の決議時点では識別できなかったリスクが運用において発生している場合，さらには決議時点以降環境が急変して，新たな対応が必要となっている場合もある。内部監査人は，このような発見事項を取締役会や経営者，監査役等に報告することにより，ITガバナンスの向上に寄与することとなる。

コラム1-④　取締役の善管注意義務，経営判断の原則

　経営判断の結果として会社に損害が生じたとしても，その判断の過程，内容に著しく不合理な点がない限り，取締役としての善管注意義務に違反に認定すべきではないと解する法理がある。この判断過程においては，適切にして十分な情報収集や分析・検討を行うことが求められるが，ITシステムに係る監査人は，監査を通じて，取締役が判断に必要とする情報の一部を提供することができる。

IV まとめ

　本章ではITガバナンスの定義，目的，ITガバナンスの有効性を高める成功要因について述べたうえで，ITガバナンスの有効性を高める監査のあり方について説明した。

　ITガバナンスの目的は，ITシステムが組織体の価値向上や社会福祉により一層貢献するためにITシステムの利活用について，評価・意思決定し，経営者に指示し，経営者の遂行状況を監視・監督することである。

　また，ITシステムに係る監査人は，監査を通じて，ITガバナンスの向上に寄与することになる。

　本章のまとめとして，取締役会等が自己点検をする際にも，監査人が監査をする際にも活用できるITガバナンスに係るチェックリストを次の通り紹介する。

【ITガバナンスに係るチェックリスト】

カテゴリー		検証事項
ガバナンスの機能	評価・意思決定 (Evaluate)	・取締役会は，適切にして十分な情報に基づき，評価や意思決定を行っているか。 ・取締役会の意思決定（決議）の内容は合理的か。 ・取締役会は意思決定（決議）の内容について説明責任を果たせるか。
	方向づけ・指示 (Direct)	・取締役会は意思決定の内容について，経営者に適時・適切に伝達や指示を行っているか。 ・取締役会は意思決定の内容が，関係者に適時・適切に伝達されたことを確認できる体制を整備しているか
	監視・監督 (Monitor)	・取締役会にネガティブ情報も含め，組織体の現状やガバナンスに必要な情報が適時・適切に伝わっているか。 ・取締役会はあるべき姿と現状のギャップ分析を行い，継続的な改善のために適時・適切にその対応について決定し，経営者に指示しているか。

	土台	・取締役会は，ITに係る戦略，コンプライアンス，リスク・マネジメントに適切にコミットしているか。 ・取締役会は，ITに係る戦略，コンプライアンス，リスク・マネジメントの基本方針や基本的な組織体制を適切に整備しているか。 ・取締役会はITに係る適切な企業文化の醸成に適切にコミットしているか。
ITガバナンスによる体制整備（成功要因の整備）	コミュニケーションの媒体，判断根拠	・取締役会は，ITの戦略，コンプライアンス，リスク・マネジメントに関し必要な情報・データを適時適切に入手できる体制を整備しているか。 ・取締役会は，ITに係る戦略，コンプライアンス，リスク・マネジメントにおいて適切に情報・データを活用する体制を整備しているか。 ・ITに係る戦略，コンプライアンス，リスク・マネジメントの遂行や継続的な改善において情報・データを活用するために，達成目標（値）等の管理指標を適切に設定し，測定できる体制を整備しているか。
	ITガバナンスの有効性を発揮するための担い手	・取締役会は，ITに係る戦略，コンプライアンス，リスク・マネジメントのための全社的な組織体制を整備しているか。 ・取締役会は，ITに係る戦略，コンプライアンス，リスク・マネジメントに必要な人材を育成，確保する全社的な体制を整備しているか。 ・取締役会は，ITに係る戦略，コンプライアンス，リスク・マネジメントを強化するために有効な協力者（外部有識者，外注先，等）を確保できる全社的な体制を整備しているか。 ・取締役会は，ITに係る戦略，コンプライアンス，リスク・マネジメントに必要なITシステムを確保し，利活用する全社的な体制を整備しているか。
	ITガバナンスの有効性が結果として現れる場	・各々の現場や業務プロセスにおいて，取締役会の指示事項が適時・適切に伝達される体制が整備されているか。 ・経営資源の配分も含め，取締役会の指示事項を遂行できる体制が整備されているか。

参考文献

一般社団法人日本内部監査協会編［2015］『IT監査とIT統制（改訂版）─基礎からネットワーク・クラウド・ビッグデータまで─』同文舘出版。

経済産業省［2023a］「システム監査基準」。

経済産業省［2023b］「システム管理基準」。

田中亘［2021］『会社法（第3版）』東京大学出版会。

通商産業省［1999］「企業のITガバナンス向上に向けて─情報化レベル自己診断スコアカード

の活用—」。

ISACA［2012］COBIT5: A Business Framework for the Governance and Management of Enterprise IT.（ISACA 東京支部訳［2013］「COBIT5：事業体の IT ガバナンスとIT マネジメントのためのビジネスフレームワーク」。）

ISACA［2019］COBIT 2019 Framework: Governance and Management Objectives.

The Committee of Sponsoring Organizations of the Treadway Commission（COSO）［2017］ *Enterprise Risk Management — Integrating with Strategy and Performance.*（一般社団法人日本内部監査協会，八田進二，橋本尚，堀江正之，神林比洋雄監訳／日本内部統制研究学会COSO-ERM研究会訳［2018］『COSO全社的リスク・マネジメント—戦略とパフォーマンスとの統合—』同文舘出版。）

The Institute of Internal Auditors［2017］*International Professional Practices Framework.*（一般社団法人 日本内部監査協会訳［2017］『専門職的実施の国際フレームワーク』。）

The IT Governance Institute［2003］*Board Briefing on IT Governance, 2nd Edition.*（日本ITガバナンス協会訳［2007］「取締役のためのITガバナンスの手引（第2版）」。）

The IT Governance Institute［2007a］COBIT4.1.（日本ITガバナンス協会訳［2007］「COBIT4.1」。）

The IT Governance Institute［2007b］*IT Governance Implementation Guide: Using COBIT® and Val IT™ 2nd Edition.*（日本ITガバナンス協会訳［2010］「ITガバナンス導入ガイド 第2版—COBIT®とVAL IT™の利用—」。）

ISO/IEC TS38501［2015］*Information technology — Governance of IT — Implementation guide.*

第 2 章

システム・ライフサイクル に係る監査

　本章ではシステム・ライフサイクル（SDLC）に沿った管理態勢の構築について述べる。そのうえで，構築された管理態勢の有効性を検証することを目的とした監査における検証事項，および査閲すべき文書等を示しながら，監査の具体的な進め方を説明する。

　また，採用する開発モデル次第で管理態勢は異なることから，ウォータフォール等従来型開発モデルとアジャイル型開発モデルを事例として監査の要点を詳述し，最後に監査用チェックリストを示す。

　　I　　システム・ライフサイクル（SDLC）に沿った管理態勢

　　II　　SDLCに沿った監査

　　III　ウォータフォール等従来型開発モデル等に対する監査

　　IV　アジャイル型開発モデルに対する監査

　　V　　まとめ

システム・ライフサイクル (SDLC)に沿った管理態勢

1 システム・ライフサイクル

　情報システムのシステム・ライフサイクルとは，コンピュータシステムの開発モデルを指し，システムの企画から始まって廃棄に至るまでの過程をいくつかのプロセスに分解，一般化し整理したもので，Systems Development Life Cycle（以下，SDLC）と呼ばれる。

　SDLCを構成するプロセスの分解パターンには様々あり，採用する開発モデルによって異なっている。例えばウォータフォール型開発モデルでは，企画，開発，運用，保守，廃棄のプロセスが順を追って遂行される一方，スパイラル型開発モデルにおいては一連のプロセスが繰り返される。いずれの開発モデルであっても，各プロセスには共通・類似するリスクが存在しており，これらリスクを意識して監査を実施することが肝要といえる。

2 開発モデル

(1) ライフサイクルの開発モデルとは

　コンピュータシステムの複雑化，開発用ツールの機能向上・多様化により，様々なモデルがあり，代表的なものとして**図表2-1**の開発モデルが挙げられる。

　なお，ウォータフォール型を採用した場合であっても，部分的にアジャイル型が適用されるケースもあるなど，柔軟な対応がとられている。

第2章 │ システム・ライフサイクルに係る監査

◎図表2-1　開発モデルとその特徴◎

開発モデル（型）	特徴
ウォータフォール	上流工程から下流工程に順を追って開発するモデル
プロトタイピング	試作品を早期に作成しユーザに提示して開発を進めるモデル
スパイラル	設計から試作品作成までの工程を繰り返して漸進的に開発を進めるモデル
アジャイル	ユーザ部署とシステム部門が一体となって，柔軟かつ迅速に開発を進めるモデル

（2）モデルの適合性

　各モデルの特性を踏まえ，開発形態や案件の規模・性質からどのモデルを選定するかを決定する必要がある。最近は，ビジネス環境の変化のスピードの高まりを踏まえ，その変化に迅速かつ柔軟に対応できる開発モデルとしてアジャイル型が注目されている。

3 SDLCに沿った管理態勢

　SDLCに沿った管理態勢とは，「企画」から「廃棄」に至る各プロセスにおける管理態勢をいう。すなわち，プロセスごとおよび全プロセスを通じて，PDCAサイクルが回る仕組みが構築されている管理態勢をいう。

コラム2-①　PDCAサイクルとPDSAサイクル

　PDCAサイクルとは，マネジメントの品質向上を目的としてPlan（計画），Do（実行），Check（評価），Action（改善）を繰り返すことをいう。一方，近年では「Check」を「Study（研究）」に代えたPDSAサイクルが注目されている。PDSAサイクルでは，評価に留まらず，研究・分析により得られた学びを改善につなげる点が，激しいビジネス環境の変化への対応に適したサイクルともいえる。

39

(1) ITガバナンスとITマネジメント

本書では，ITガバナンスの下で策定されるIT戦略に基づき遂行されるITマネジメントを監査対象とする。ITガバナンスとITマネジメントは密接に関連していることから，監査に当たってはその関連性に十分留意する必要がある。**図表2-2**に，2023年6月に金融庁が公表したITガバナンスの概念を示したので理解を深めていただきたい。

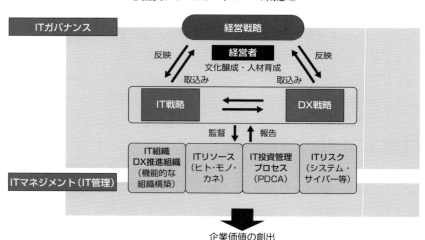

◎図表2-2　ITガバナンスの概念◎

出所：金融庁［2023］6頁

(2) 案件管理態勢

情報システムを成功裏に導入するために，案件の重要度，規模，難易度，リスク等に応じた案件管理態勢を構築する必要がある。適切な案件管理態勢を構築するためには，組織体としての標準的な管理態勢を案件管理規程等で定めておくべきである。

図表2-3に，ウォータフォール等従来型開発モデルでの開発を想定した標準的な案件管理態勢の例を示したので，それに沿って説明する。なお，一定

第2章 システム・ライフサイクルに係る監査

◎図表2-3 案件管理態勢と役割（例示）◎

案件管理の目的	「品質（Quality）」の達成，「予算（Cost）」内での完成，「納期（Delivery）」の遵守
案件推進・管理のための体制（以下，案件体制）	**案件責任者**（案件の重要度，規模，難易度，リスク等に応じて担当役員等が就任） **管理部署**（PMO※1，リスク管理部担当チーム等）　**開発部署**（システム開発部，システム部門開発チーム等）　**運用／保守部署**（システム運用部，システム部門運用/保守チーム等）　**ユーザ部署**（業務所管部※2担当チームおよびシステムのユーザ）　**関連部署**（コンプライアンス部，事務部等）
案件責任者	・情報システム（もしくは案件）計画の承認 ・各工程の着手/完了の承認 ・案件体制構成部署等を案件に適切に関与させること ・案件の進捗・品質・コスト管理
管理部署（PMO）	・情報システム（もしくは案件）計画の妥当性検証・承認の事務局 ・案件体制の有効性，効率性，コンプライアンスの維持を確認・監督し，案件の進捗を管理 ・開発する情報システムの有効性，効率性，安全性，コンプライアンスの維持を確認・監督 ・ユーザ部署の受入体制の妥当性確認 ・新情報システムの移行プロセスの確認・監督
開発部署	案件開発の当事者としてシステム開発を遂行
運用／保守部署	システムの運用／保守の立場からの協議および監視
ユーザ部署	業務プロセスに責任を持つ部署およびシステムを利用する部署の立場からの協議および監視
関連部署	特定分野を所管する部署の立場からの協議および監視

※1　Project Management Office
※2　業務プロセスに責任を持つ部署（システムオーナー部ともいう）

規模以上の案件をプロジェクトともいう。

　まず，案件の開始に当たって，その完遂に責任を負う者として案件責任者が設置される。案件の重要度等に応じて，担当役員，部長あるいは部長に準ずる者等が案件責任者に就任する。案件責任者の下に，情報システムの開発を担う部署，導入後情報システムを運用する部署，業務プロセスを所管する部署および導入後システムを利用する部署（以下，ユーザ部署）等に加えて，

41

案件の進捗・品質・コスト等を管理する部署が参画するという組織横断的な体制が構築されるのが標準的である。

案件体制を構成する部署すべてを適切に関与させ、案件の進捗を管理・監督するという案件責任者の役割は、案件の完遂に向けて非常に重要といえる。この案件管理態勢の下で、品質、コスト、スケジュールを管理していくこととなり、この管理を適切に機能させることが重要となる。

各部署の役割と連携の全体像を、**図表2-4**に示したので、参考としていただきたい。

◎図表2-4　案件体制構成部署の役割と連携（例示）◎

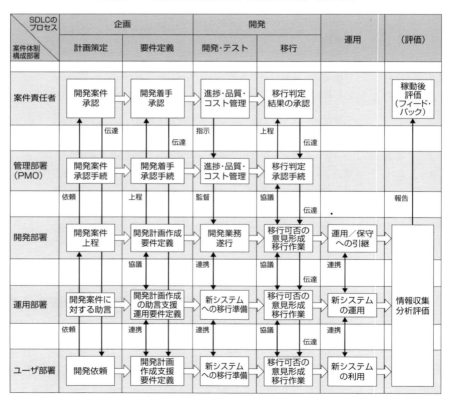

第2章 システム・ライフサイクルに係る監査

> ### コラム2-② プロジェクト成功の鍵
>
> プロジェクトが成功といえるためには，次の３つの要素が達成されている必要があるといわれる。これらは，英語の頭文字をとってQCD（Quality Cost Delivery）と呼ばれる。
>
> 高品質を達成しようとすれば，費用が増加し納期も遅くなる一方，納期を短縮すれば費用は下がるが品質が低下するなど，QCDは相互に影響することからバランスが重要となる。

（3）外部委託管理態勢

外部委託とは，開発，運用や保守の各プロセスの全部または一部を，外部機関に委託する行為である。ITに関する専門性の高まり，IT投資の削減，IT費用の平準化，ITリスクの移転等を狙いとして外部委託（アウトソースともいう）が増加しており，外部委託先の管理が重要となっている。外部委託先の選定，契約（サービス品質保証契約（Service Level Agreement: SLA）ともいう），委託業務の再委託，損害賠償等を含む）を適切に行い，外部委託先を管理していくことが必要である。

監査では，外部委託管理態勢の整備状況・運用状況の適切性（**図表2-5**）を確認することが重要となる。クラウドサービスを利用して情報システムの構築を行う場合には，契約で定めた水準のサービスが提供されないといったリスクに対応すべく，クラウド事業者のオフィスやデータセンターへの立入監査やモニタリングの実施が重要となる。クラウド事業者は，多数の委託者に対してサービスを提供しているケースが考えられ，個々の委託先からの立入監査等の受け入れが困難となることも想定されることから，第三者による認証レポートで代替するなどの方法も検討したうえで，クラウド事業者との合意事項を契約書に規定することが必要である。

◎図表2-5　外部委託管理態勢に対する主な確認事項◎

枠組みの整備	・外部委託に係る全社的管理の枠組みを構築（統括管理部署の明示，統括管理部署と各外部委託発注部署の役割・権限・責任等の明確化，外部委託先管理に係る規程類の整備・運用等）しているか。 ・IT戦略に基づき外部委託計画を策定し，承認を受けているか
委託先選定	・外部委託先選定基準を整備しているか。 ・外部委託先（候補先を含む）に対し定期的に，また，必要に応じて評価をしているか。 ・選定基準に基づき選定し，また，継続・解約を決定しているか。
契約（SLAを含む）締結と遂行	・外部委託の範囲，委託元と委託先等の役割分担，権限，責任を明確化しているか。 ・コミュニケーション方法等を明確化しているか。 ・外部委託先の責に帰すべき損害発生時の損害賠償責任を明確化しているか。 ・再委託に係る手順や承認手続き等を明確化しているか。 ・外部委託先および委託業務遂行状況に対するモニタリング方法等（外部委託先からの業務報告の受領や必要に応じた外部委託先への監査実施等の手続きを含む）を明確化しているか。 ・外部委託契約の締結・解約手続きを明確化しているか。 ・委託業務遂行に係る品質を保持するための達成事項および達成水準について同意しているか。 ・委託業務の達成状況確認方法について同意し，確認を実施しているか。 ・達成水準未達の場合のペナルティについて同意し，是正プロセスを明確化しているか。
事故等への準備	・インシデント発生時の連絡手順・手続きを明確化し，連絡先情報を最新化しているか。 ・インシデント発生時の対応方法を明確化し，教育・訓練等による周知徹底を図っているか。 ・インシデント発生の根本的原因分析・把握と是正策の立案・実施プロセスを明確化しているか。

SDLCに沿った監査

　システム・ライフサイクルごとに管理すべき対象が異なり，リスクの所在も異なっていることから，情報システムが効果的・効率的に価値を提供していくためには，SDLCを意識して情報システム等のIT資産が管理されている

ことが重要である。このため，SDLCに沿ってITリスク・マネジメントのためのIT統制プロセスを検証していくのが，効果的・効率的なIT監査の方法の1つとなる。SDLCにおけるIT統制プロセスの「あるべき姿」とは，この各プロセスに存在する様々なリスク要因に対してコントロールが効果的・効率的に機能している状態である。ここでいうリスク要因とは，情報システムの「有効性」，「効率性」，「信頼性」，「安全性」，「コンプライアンス」等のIT統制目標に対し，その達成を妨げる要因をいう。監査人は，この「あるべき姿」に対する「現状」を把握・分析し，「あるべき姿」とのギャップを評価することとなる。

III ウォータフォール等従来型開発モデル等に対する監査

　本書においては，経済産業省「システム管理基準」（2023年4月26日改訂）を参考とし，ウォータフォール等従来型開発モデルを，企画，開発，運用，保守，廃棄の全5プロセスに分解して監査の要点を説明する。なお，第V節1の監査用チェックリストに具体的な検証事項を記載しているので，参照のうえ実務に役立てていただきたい。

◎図表2-6システム・ライフサイクルのプロセス（ウォータフォール型）◎

| 企画
計画策定/要件定義 | 開発
狭義の開発/テスト/移行 | 保守 | 運用 | 廃棄 |

1 企画プロセス

　ITガバナンス領域のIT戦略策定については企画プロセスに含めないという考え方もある。しかしながら，IT推進の目的が「組織体の目的を効果的・効率的に達成することを支援すること」であることから，IT戦略は企画プロセスと密接不可分といえる。本書では企画プロセスに，経営戦略に整合したIT戦略や情報システム開発計画（以下，IT計画）の策定，IT計画に基づいた情報システム投資の決定，および情報システム導入後のIT投資の有効性評価等を含め，そのうえで，企画プロセスを計画策定プロセスと要件定義プロセスに分解して，監査の要点を示す。

（1）計画策定プロセス

　IT戦略策定に際しては取締役会や経営陣による全社的なIT統制が重要な役割を果たす。**図表2-7**の上段に計画策定プロセスを適切に遂行するために整備・運用すべき仕組みを列挙した。

①計画策定プロセスとは

　組織体がゴーイング・コンサーンである以上，情報システムの開発・調達（**キーワード2-①**参照）が複数並行して実施され，様々な情報システムについて開発・調達の要求が発生している一方，経営資源の制約等から必ずしも要求のすべてには応えることができない。開発対象とする情報システムを選択し，開発の優先順位を決定する必要があることから，その判断基準や意思決定プロセス等が組織体として重要となる。IT投資の目的が，効率化，リスク管理，法令対応など多岐にわたっている結果，IT投資効果も様々であり，数値化できるものとできないものがあることに加え，数値化できるものの中でもその達成確度にも差がある。このような状況下，どのように開発の優先順位をつけるかは，まさに経営上の価値観を反映する重要な意思決定プロセ

第2章 システム・ライフサイクルに係る監査

◎図表2-7　計画策定/要件定義プロセスにおいて整備・運用すべき仕組み◎

計画策定プロセスにおいて整備・運用すべき仕組み

- ・経営陣が重要なIT戦略やIT企画に参画し，意思決定する仕組み（取締役会，経営会議，またはIT戦略委員会等）
- ・経営陣に対し，適時・適切に正確な情報を提供するための仕組み
- ・情報システム開発案件採択プロセスを「見える化」「文書化」する仕組み
- ・情報システム開発案件採択基準を整備し，情報システム稼動後の機能発揮状況を評価・検証する仕組み
- ・案件の重要性・規模・リスク等に基づき管理体制となっているか判定する仕組み
- ・運用を含む全社的なIT開発管理の仕組み

要件定義プロセスにおいて整備・運用すべき仕組み

- ・案件体制構築の仕組み
- ・情報システムの品質，開発予算，開発スケジュール等の適切な計画策定の仕組み
- ・経営戦略に沿った組織体の「あるべき姿」("TO-BE") に合致した情報システムとなるよう，情報システムの「あるべき姿」や「あるべき役割」を明確化するための仕組み
- ・組織体の全体最適の観点からの要件定義を決定するための仕組み
- ・機能要件に加え，非機能要件（品質，容量，反応・処理速度，操作性，拡張性，柔軟性，安全性等）を含めた要件を定義するための仕組み
- ・機能要件，非機能要件を決定し，文書化したうえで共有化するための仕組み

スそのものといえる。

キーワード2-①　開発・調達

　情報システムを導入する方法には，以下のように様々な形態がある。近年においては，クラウドサービスを利用することで，インターネットを介してインフラやソフトウェアの提供を受け，情報システムの一部もしくは全部をクラウドにより調達・構築をする方法が増加している。

- ・自社開発か，他社との共同開発か
- ・スクラッチ開発か，既存システムの手直し開発か
- ・業務機能（アプリ）の改修か，基盤（インフラ）更改か
- ・開発（オンプレミス）か，パッケージ・ソフトウェア・クラウドサービス利用か

②計画策定プロセスに対する検証

「IT戦略，IT計画が経営戦略と整合しているか」等が主な検証事項である。検証に当たって監査人は，IT戦略策定に当たっての権限規程，優先順位付けの基準や投資効果判断の取扱いを定めた規程類を確認し，基本的なルールを把握しておく。そのうえで，短期・中長期の経営計画の立案書，IT戦略方針書等により情報システム戦略を確認する。また，取締役会議事録，経営会議議事録や，IT戦略委員会等のIT戦略にかかる委員会等の議事録を査閲，これら会議に陪席するなどモニタリングによって日常的に情報収集することが望ましい。

（2）要件定義プロセス
①要件定義プロセスとは

情報システムを開発・導入するための案件管理態勢構築プロセスと，情報システムの要件を定義するプロセス（以下，要件定義プロセス）から構成される。

情報システムを自ら開発する場合，あるいはパッケージ・ソフトウェアを購入して追加開発する場合のいずれであっても，その情報システムをどのようなものにするか，どのような機能を保有させるかの決定が重要である。実務的には，案件責任者が，ユーザ部署や開発・保守・運用を担うシステム部門と協議して，開発する情報システムの機能を決定する。この機能決定（以下，要件定義）に際し次の4点が重要なポイントとなる。

1つ目は，現状の業務プロセス等（"AS-IS"）ではなく，組織体が経営計画に基づき向かうべき「あるべき姿」（"TO-BE"），あるいは「あるべき姿」を想定して要件定義すべきということである。さもないと，組織体が「あるべき姿」に達したときに，当該情報システムが，時代遅れのものになってしまったり，業容拡大時（"TO-BE"）には，容量不足・機能不足のシステムとなってしまったりとなる。

2つ目は，パッケージ・ソフトウェアを購入し組織体の実態に合うように

改修する場合には,「あるべき姿」を想定してどの機能を追加・改修するか決定すべきということである。機能追加をまったく行わず,組織体の業務プロセスをパッケージ・ソフトウェアに合うように変更すれば,導入時のコストは大幅に削減できる。しかしながら,無理に業務プロセスを情報システムに合わせようとすると,業務プロセスの大幅な変更,非効率な業務処理,各業務プロセスの要員の過剰負担等が発生する場合がある。一方,追加・改修機能が多くなれば,導入コストがかかるだけでなく,パッケージ・ソフトウェアのバージョンアップ時に,追加改修機能に対するバージョンアップ対応が別途必要になるなど,パッケージ・ソフトウェアを利用するメリットを享受できないリスクもある。組織体全体として投資対効果が最善となるように要件を取捨選択して定義し,「部分最適」より「全体最適」をめざすべきであり,その際に拠り所となるのが,「あるべき姿」である。「あるべき姿」を関係者間で共有し,どの機能を追加改修し,どの機能を見送るかを,要件定義していくべきである。

　3つ目は,業務プロセスの目的を達成するための要件(以下,業務要件)だけでなく,そのシステムの容量やレスポンス・タイム,あるいはセキュリティ要件等(以下,非機能要件)を定義する必要があるということである。容量オーバーが発生すると,機能障害等を引き起こし最悪の場合はシステム停止に至る。また,レスポンス・タイムが低下するとシステム利用者の不満を増大させる。セキュリティ要件が不十分な場合には,情報漏えいを引き起こすかもしれない。非機能要件は,ユーザ部署から提示されるとは限らないので,情報システムのリスクに精通した開発部署が検討事項として提示すべきであり,要件定義の妥当性チェックリストの確認項目に非機能要件を入れておくべきである。近年では,サイバー攻撃が多発していることから,セキュリティ・バイ・デザイン(**キーワード2-②参照**)に基づいた要件定義・設計が求められている。また,業務の将来の変更可能性を踏まえて,情報システムの拡張性や柔軟性も勘案しておくべきである。なお,構築対象となる情報システムの利用方法,利用量,レスポンス・タイム,画面等については,

ユーザ部署が要件を示すべきである。

　4つ目は，ユーザ部署と開発部署の密接な連携である。ユーザ部署は「○○という機能が必要と伝えたつもり」，開発部署は「△△という機能と聞いたつもり」という認識離齬から，開発の終盤になって，両者の間で実現すべき機能等に相違があることが判明する場合がある。相違点の解消には手戻りが発生し，時間もコストもかかることになる。情報システムの開発を成功させるためには，ユーザ部署と開発部署の十分な相互理解と連携が不可欠であり，案件責任者は，ユーザ部署と開発部署の間で，認識離齬がないかを十分に確認する必要がある。

　図表2-7の下段に要件定義プロセスを適切に遂行するために整備・運用すべき仕組みを参考までに列挙した。

キーワード　2-②　セキュリティ・バイ・デザイン

　企画・設計の段階から情報セキュリティを確保するための考え方。上流工程でセキュリティ対策を組み込むことを指す。

---

②要件定義プロセスに対する検証

　「案件を適切に推進・管理する体制が構築されているか」等が主な検証事項である。検証に当たって監査人は，案件推進に当たっての承認手続，進捗・品質・コスト管理手続，文書化手続等を定めた規程類を確認（案件の規模・重要度・リスク等に応じて管理基準，品質基準，管理方法を変更することができる定めとなっている場合には，対象となる案件についての定めも確認）し，企画プロセスにおける基本的なルールを把握しておく。そのうえで，体制図，要員一覧表，役割分担表，案件体制組成時の稟議書等により体制を確認する。システム分析書，フィージビリティ検討書等によりリスク分析の状況を，会議体に関する資料（種類，会議目的，参加者，開催頻度等），会議議事録，未決事項一覧や課題一覧，要件定義書に対するレビュー記録等によ

り要件定義プロセスの十分性を確認する。このほか，案件の進捗会議資料や品質レビュー会の資料・議事録により関係者間での要件定義内容の共有状況を確認する。なお，監査人は進捗会議やステアリングコミッティ等のステークホルダーが参加する会議に陪席するなど，タイムリーに情報収集することが望ましい。

2 開発プロセス

(1) 開発プロセスとは

情報システムを作り上げていくプロセス（以下，狭義の開発プロセス）と，作り上げた情報システムが要件定義どおりに機能するかをテストするプロセス，情報システムを利用できるようにするために本番環境へ移行するプロセスから構成される。

図表2-8の左側が狭義の開発プロセスで，右側がテストプロセスである。

◎図表2-8　ウォータフォール型開発手法におけるプロセスフロー図◎

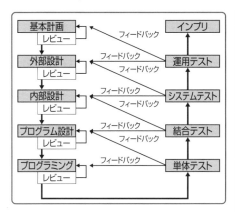

		基本計画	要件定義の確定と案件実行計画の確定
開発プロセス	狭義の開発プロセス	設計	外部設計	情報システムの機能のサブシステムへの分解　ユーザ側の立場での画面，帳票，コード，論理データ等の設計
			内部設計	開発側の立場でのサブシステムのプログラムへの分解　機能分割，標準化，物理データ設計，入出力詳細設計
			プログラミング設計	プログラム内の構造設計（プログラムのモジュール単位への分割）　モジュール内処理内容を設計
		プログラミング	モジュールの詳細な処理手順設計
	テストプロセス	単体テスト	モジュールごとのテスト（構造テストと機能テスト）
		結合テスト	モジュールを結合させたテスト
		システムテスト（総合テストともいう）	サブシステムを組み合わせたシステム全体の総合的なテスト。
		運用テスト（受け入れテストともいう）	ユーザ側が中心となり，実際の運用条件，環境下で実施するテスト。
移行プロセス		新情報システムの実装
廃棄プロセス		旧情報システムの廃止

①狭義の開発プロセスとは

　基本計画，外部設計等いくつかのサブプロセス（以下，工程）から構成される。各工程の終了に当たっては，ユーザ，開発，運用／保守の各部署の責任者が適切にレビューし，その終了につき承認していることが必要である。開発プロセスの最終時点のみでレビューし不具合を発見した場合には，手戻りが大きくなり非効率であるし，不具合の原因の識別が後になればなるほど是正が困難となるからである。

②テストプロセスとは

　単体テストから運用テストまでの工程がある。

　テストを省略したために，後で不備が発見されて手戻りが大きくなるケースや，品質確認が不十分なまま情報システムを稼働させた結果，障害を発生させてしまい，業務に多大な影響を与えるケースがある。テストは開発している情報システムの品質を担保する最終手段であることから，その品質や網羅性も重要である。

③移行プロセス

　構築した情報システムを実装し，運用に移行して稼動させるプロセスが移行プロセスである。新システムをスムーズに移行させ，安定的に稼動させるには，効果的・効率的な運用を企画し，運用設計に基づいて，システムを使用する者（ユーザやシステム運用者）に対する教育や周知徹底，操作方法習熟のための訓練，入力情報やデータの整理（データ・クレンジング）等の準備が必要となる。また，これらの準備を終えていることに加え，関係者が移行可否の判断基準，移行可否の決裁権限者，不測の事態に備えたコンティンジェンシー・プラン等を十分理解し共通認識を持って移行を開始することが重要である。

第2章 システム・ライフサイクルに係る監査

（2）開発プロセスに対する検証

①狭義の開発プロセスおよびテストプロセスに対する検証

「システムテスト計画には、単体テスト終了後の結合テスト、システムテスト（総合テスト）が含まれているか」等が主な検証事項である。不十分なデータやシナリオによるテストでは、情報システムの品質確保を保証することはできないからである。検証に当たって監査人は、システムの品質確保のための開発プロセスに係る承認手続きや開発標準、開発工程ごとの成果物を定めた文書、品質評価基準、テスト種類・方法・環境等を定めた文書等を確認し、開発プロセスにおける基本的なルールを把握しておく。そのうえで、当該案件の開発にかかる計画書や管理ルールの稟議書等により開発方針等の承認状況を確認する。また、工程完了に係る判定根拠資料（工程完了チェックリスト、品質報告書、テスト結果報告書、各種レビュー記録、レビュー結果報告書等）により各種工程の完了判定の適切性を確認する。このほか、バグやインシデントの真因分析結果報告書、横展開実施報告書、バグ収束曲線やエックスチャート等の品質分析資料等によりテストの十分性を確認する。なお、重要な、あるいはリスクの大きい案件の場合には、監査人もこの工程完了会議や判定前の事前レビュー等に陪席し、品質確保のための取組み状況を継続的にモニタリングしていくことが望ましい。開発プロセスにおいては多種多様な成果物（システム設計書、フローチャート、各種仕様書等）が作成されることから、監査目的に応じて、確認する成果物を選定することも重要となる。

②移行プロセスに対する検証

「移行の体制、各自の役割、権限と責任、スケジュール等が移行計画に含まれているか」等が主な検証事項である。検証に当たって監査人は、移行に関する基本的事項を定めた移行計画書等により移行プロセスの全体像を把握しておく。そのうえで、移行作業手順書、移行体制図、緊急時対応計画書、移行結果報告書等により移行の適切性を確認する。なお、重要な、あるいは

リスクの大きい案件の場合には，監査人も移行リハーサル等や移行前後のシステム障害発生時の訓練等に陪席し，移行に向けた準備状況を継続的にモニタリングしていくことが望ましい。

3 運用プロセス

（1）運用プロセスとは

運用プロセスには，運用部署の職責である情報システムの運用管理に加えて，ユーザ部署による情報システム利用やデータの取扱いに係る管理，IT資産の管理等が含まれる（**図表2-9**）。

情報システムの運用スケジュール管理が適切でないために適時にデータ処理や情報提供ができなかったり，情報システムの故障や操作ミスによってデ

◎図表2-9　運用プロセス管理上の主な観点◎

開発と運用の分離	不正防止の観点からの「職務分離」の体制の整備・運用 ・運用者による開発・保守の実施を禁止とする体制の整備・運用
運用管理	運用管理の枠組み（規程類，組織・体制等） ・運用設計に沿った運用管理規則，運用手順の整備 ・運用管理規則に沿った運用計画に基づく情報システムのオペレーション ・運用管理規則に沿った例外処理オペレーション ・バックアップ体制の整備・運用 ・事故・障害発生時の対応体制の整備・運用
利用管理	情報システム利用に係る枠組みの整備・運用 ・入出力処理，加工処理，維持管理のための統制の整備・運用（規程類，体制，IT，設備等による統制） ・システムを使用する者（ユーザやシステム運用者）に対する教育，訓練または啓発
資産管理	IT資産管理の枠組みの整備・運用 ・施設（建物等）・設備（自家発電装置等）の整備，維持，改善・入退館，入退室の管理 ・IT資産管理台帳等による在庫管理 ・ハードウェア，ソフトウェア，ネットワーク等の情報システムの物理的保護，管理 ・ライセンス契約の遵守とアプリケーションの不当なインストールの防止 ・継続的なキャパシティ（容量）の監視と管理

第2章 システム・ライフサイクルに係る監査

ータが毀損したりして，業務継続ができないリスクがある。これらのリスクの発現防止，早期発見，早期回復のための規程類や組織・体制の整備・運用や要員の訓練等が重要である。

また，情報システムの利用に当たっては，ユーザIDやオペレーション・カード，データ等の管理，情報システム操作等が適切に行われることが重要である。特に，ユーザは，システムに関する知識を有していないことが多く，またWeb取引等の場合ではユーザが組織体外のヒトや顧客であることもあるので，明瞭でわかりやすいコントロールが必要である。

さらに，入出力処理・加工処理・維持管理に当たっては，正確な入出力や伝送を行うためのコントロールが重要であり，チェックディジット，限界値チェック，連番チェック等のITを活用したコントロールも効果的である。

このほか，情報システムに係る資産（ハードウェア，ソフトウェア，ネットワーク等）の管理や施設・関連設備の管理も重要である。

（2）運用プロセスに対する検証

システム運用管理の観点からは，「運用管理規則および運用手順に基づきシステム運用が実施されているか」等が主な検証事項である。検証に当たって監査人は，システム運用に係る承認手続や報告事項等を定めたシステム運用管理に係る規程類を確認し，運用プロセスにおける基本的ルールを把握しておく。そのうえで，システム運用要員一覧表，オペレータの勤務報告，日報，シフト体制表，オペレーション指示書，オペレーションログ等により運用管理の適切性を確認する。また，緊急時連絡体制図や連絡先一覧，障害発生／障害対応報告書，障害や災害の訓練計画書，訓練結果報告書等により障害対応等を確認する。

運用管理以外の観点からは，「操作ミスが生じにくい操作方法・手順となっているか」等が主な検証事項である。検証に当たって監査人は，情報システムの利用管理，データ管理，情報管理，資産・資源管理，機器・媒体管理，アクセス管理等の各種管理に係る手続きを定めた規程類を確認し，これら規

55

程類により運用プロセスにおける各種管理のための基本的なルールを把握しておく。そのうえで，監査対象となる情報システムの操作マニュアル，ユーザガイド，処理結果記録等により操作方法，データ処理管理の状況等を確認する。また，監査対象となる情報システムが設置された施設・部屋への入退室管理システムの導入状況やそれらのログデータにより入退館／入退室等の管理状況を確認する。

　さらに，不正等防止の観点からは，「開発／保守業務と運用業務を兼務していない」ことが重要な検証事項となる。開発／保守者が運用業務を兼務した場合，自らが利益享受できるように情報システムを不正に改変して，その情報システムを操作して，不正に利益を享受することが可能であるからである。開発／保守と運用の「職責の分離」は情報システムの活用における大原則であり，重要なコントロールである。職責の分離状況については，事務分掌規程，権限規程等，システムへのユーザID登録状況，ログイン／ログオフデータ等により確認する。

コラム2-③　EUCとそのリスク

　情報システムの開発や運用のプロセスの全部または一部をユーザ部署の権限と責任の下で行う形態がEUC（End User Computing）であり，開発者と運用者が同一人物，つまり，開発と運用が分離されないケースも多い。EUCは業務を実際に行っているユーザ部署が主体となって開発・運用等を行うので，業務目的達成のための情報システムとしては，効率的で使いやすいものとなる一方，業務目的達成の意欲が先行し，情報セキュリティ等安全性への配慮が不十分になったり，維持管理のための文書化が疎かになったりする懸念がある。近年は，RPA（Robotic Process Automation）というソフトウェアを活用してヒトが実施している定型業務を自動化するツールやローコード・ノーコード開発ツールでのシステム化が可能となり，これらを用いたEUCが増加している（具体的な監査用チェックリストを第Ⅴ節3に掲載しているので，参照のうえ実務に役立てていただきたい）。

第2章 システム・ライフサイクルに係る監査

4 保守プロセス

(1) 保守プロセスとは

　情報システムの故障や障害の発生を防止するために情報システムを定期的に点検し，部品交換等の手入れや措置を行う日常的保守プロセスと，情報システムの老朽化，業務要件等の変更や処理能力の向上，法令等の改正や社会要求水準の高まり，リスク管理の高度化等へ対応するために情報システムを変更する計画保守プロセスの2つのプロセスから構成される（**図表2-10**）。

　計画保守プロセスにおける管理のポイントは，その性格上，開発プロセスのそれと似ている。なお，保守プロセスを開発要員が兼務することは許容されるが，開発プロセスと同様に，適切な「職責の分離」の観点から保守要員が運用プロセスを兼務することは禁止されるべきである。

◎図表2-10　保守プロセスの種類◎

日常的保守	予防保守	情報システムの障害や故障を防ぐために行われる保守 ・情報システムに対し定期的に点検や部品交換を行う。 ・ベンダーからの連絡等により障害発生前にバグの修正作業を行う。
	事後保守	情報システムの障害や故障の発生後に，障害や故障からの回復のために行われる保守 ・システム障害等発生後にバグの修正作業を行う。 ・障害や故障の発生原因を把握することで予防保守に活かし未然防止を図る。
計画保守		法令等の改正やOSのバージョンアップ等の外的要因や，業務内容の変化やシステム機能追加等の内的要因から，前もって計画を立てて実施する情報システムの変更。 ・開発プロセスと類似のプロセスにより変更作業を実施する。

(2) 保守プロセスに対する検証

　「保守要員による運用環境へのアクセスおよび運用業務の兼務が禁止されているか」等が主な検証事項である。検証に当たって監査人は，保守に係る取扱い手続が定められた規程類を確認し，保守プロセスにおける基本的なル

ールを把握しておく。そのうえで，システム部門の年度計画書や稟議書により手順や計画の承認状況を確認する。成果物の存在確認に加えて，成果物等に記載された変更履歴等により設計書等成果物の維持管理状況を確認する。また，成果物が保存されている場所（金庫やサーバ等）によりその管理状況を確認する。このほか，事務分掌規程や保守部署から運用部署への引継文書類，ユーザIDの権限設定内容により保守の実施状況を確認する。

5 廃棄プロセス

（1）廃棄プロセスとは

　環境変化や業務要件の変更などへの対応が困難となったり，老朽化やベンダーのサポート停止等による保守コストが高額になったりすることにより，組織体は情報システムの廃止を決断することとなる。情報システムの廃止に当たっては，ハードウェアや電子記録媒体等の廃棄処理が発生する。廃棄に際して，データの誤廃棄や廃棄したハードウェア等情報システムからの情報漏えいが発生しないように留意が必要である。

（2）廃棄プロセスに対する検証

　「リスクを考慮して廃止計画が策定されており，ユーザ，運用／保守の各部署の責任者の承認がなされたうえで，情報システムが廃止されているか」等が主な検証事項である。検証に当たって監査人は，情報システムの廃止，機器等の廃棄にかかる権限や取扱手続きを定めた規程類を確認し，廃棄プロセスの基本的ルールを把握しておく。そのうえで，情報システムの廃止承認時の稟議書，廃止時の影響調査結果報告書，廃止報告書等により廃止状況を確認する。また，廃棄処理結果報告書，産業廃棄物処理業者作成の処理結果証明書，廃棄前の現物保管場所等により機器類の廃棄状況を確認する。

第2章　システム・ライフサイクルに係る監査

アジャイル型開発モデルに対する監査

1 アジャイル型開発モデルの特徴

　アジャイル（Agile）の日本語訳が「素早い」「機敏な」であることからもわかるように，アジャイル型開発モデルとは，変化に迅速かつ柔軟に対応するための開発手法で，コミュニケーションの頻度と質を高めることを重視している。アジャイル型開発においては，要件のすべてを最初に決めなくても開発に着手できる。つまり，コストと期限を重視して優先度の高い機能の早期実現を目指した開発手法といえる。

　図表2-11に示すように，従来型の開発手法においては，開発範囲（Scope）達成を必須とし，そのために時間（Time）と資源（Resource）をコントロールするのに対し，アジャイル型開発においては，Scopeをコントロールすることで TimeとResourceを計画どおりとする。時間の経過とともに当初想定していた機能の優先度が下がることも想定され，極端な場合には，当初想

◎図表2-11　アジャイル型開発モデルのマネジメント対象◎

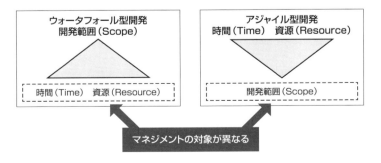

定とは異なるシステムができ上がることもあるが，利用されない無駄な機能
開発を行わないことでコストを抑えることができるという考え方である。ま
た，「ニーズの変化が激しく予測困難」なビジネス分野において，「新たな価
値を生み出す」ことを目的とすることから，必ずしも当初想定したどおりの
システムが構築されなくてもよいということになる。

2 アジャイル型開発モデルの開発手法

　様々な開発手法があり，それぞれに特徴がある。**図表2-12**に代表的な開発
手法とその特徴を示す。
　このうちスクラムが比較的有名な手法であることから，以降ではスクラム
を前提として説明する。

◎図表2-12　アジャイル型開発モデルにおける開発手法とその特徴◎

開発手法	特徴
リーンソフトウェア開発 （Lean Software Development）	無駄をなくすというLean思想を持つトヨタ自動車における生産方式をソフトウェア開発に流用した手法
エクストリーム・プログラミング （Extreme Programming）	開発途中の仕様変更に対し勇気をもって立ち向かうなど柔軟性を重視する手法
Kanban	看板という名称が示すように開発フロー可視化により効率的管理をする手法
スクラム	ラグビー競技で相手方とぶつかり合うフォーメーションであるスクラムに例え，チーム一丸というコミュニケーションを重視した手法
適応的ソフトウェア （Adaptive Software Development）	反復型と漸進型のアプローチを組み合わせることで，継続的な変更に適用できるようにした手法
ユーザ機能駆動開発 （Feature Driven Development）	Feature（顧客にとっての企業価値）という観点で開発を進める手法で，比較的大規模開発にも対応できる手法
SAFe® （Scaled Agile Framework）	全社規模のアジャイル開発のための手法

第2章　システム・ライフサイクルに係る監査

3 推進体制

　ユーザとシステム開発者のコミュニケーションが従来以上に重要で，かつ頻繁に行われることから，密にコミュニケーションができる推進体制とする必要がある。自社内にアジャイル型開発の実績がなくノウハウの蓄積が不足する場合には，アジャイル型開発の利点を引き出すために，外部から有識者を調達することが有用である。

　アジャイル型開発ではコミュニケーションを重視することから，少人数のチーム編成とされる。構成員とその役割は**図表2-13**を参照願いたい。

◎図表2-13　アジャイル型開発（スクラム）の体制と役割◎

推進体制	役割
スクラムチーム	プロダクトオーナー，開発チーム，スクラムマスターで構成され，自己組織化されたチーム
開発チーム	少人数の開発メンバで構成されたチーム
プロダクトオーナー	ユーザ責任者（ビジネス面の意思決定）の役割とソフトウェアの完成（Done）に対する責務を負う。
スクラムマスター	スクラムチーム内外のコミュニケーションの促進や，開発チームに対しスクラムチームの目標達成に向けた活動支援，調整などを行い，開発チームの成長を促す。また，スプリントの5つのイベント（キーワード2-③参照）推進に責任を有する。

キーワード　2-③　スクラムの5つのイベント

　スプリント（計画・実行・評価からなるイテレーションする塊），スプリント・プランニング（作業計画），デイリー・スクラム（1日の作業に係る作戦会議的なもの），スプリント・レビュー（結果確認），スプリント・レトロスペクティブ（振り返り）を指す。

61

コラム2-④　アジャイルソフトウェア開発宣言

「アジャイルソフトウェア開発宣言」とは、17名のソフトウェア開発者が議論し、2001年に公開されたもので、ソフトウェア開発を行ううえで彼らが重視しているマインドセットが記載されている。なお、同宣言には、「(プロセスやツール、包括的なドキュメント、契約交渉、計画に従うこと) のことがらに価値があることを認めながらも」と記載されているように、ドキュメントや計画についても価値を認めている。

4　アジャイル型開発モデルのプロセスと検証

　本書では、アジャイル型開発モデルのSDLCを、管理態勢構築プロセス、企画・開発プロセス、運用・保守・廃棄プロセスに簡略化し、このうち企画・開発プロセスを、計画工程、実行・評価工程、リリース工程に分解して、その内容を説明する。運用・保守・廃棄プロセスはウォータフォール等従来型開発モデルと大差ないことから説明を省略する。なお、第Ⅴ節2の監査用チェックリストに具体的な検証事項を記載しているので、参照のうえ実務に役立てていただきたい。

◎図表2-14　システム・ライフサイクルのプロセス（アジャイル型）◎

※企画・開発プロセス欄の（　）は、スクラムの5つのイベントに対応

（1）管理態勢構築プロセス

①管理態勢構築プロセスとは

アジャイル型開発モデルの特性を踏まえた適用可否の判定プロセスや推進体制整備プロセス等を構築するプロセスを指す。

アジャイル型開発モデルは，変化に迅速に対応できる開発手法であり，当モデルを採用することにより情報システムを短期間にリリースできるとされている。しかしながら，アジャイル型開発手法に適した開発・保守体制を整備しないと逆に手戻りが発生しリリースができなくなるリスクや，推進体制解散やプロダクトオーナー異動によりリリース後の保守対応に支障が生じるリスクを孕んでいるため，適用可否の判定が重要となる。

②管理態勢構築プロセスに対する検証

アジャイル型開発手法に限ったことではないが，監査人は，当該開発手法に関する知識を十分に有し，開発手法の特性に応じた監査手法により検証を実施することに留意する。

管理態勢構築プロセスにおいては，案件の選定基準やアジャイル型開発手法の適用可否判定基準，アジャイル型開発に適した開発標準・規程類の整備，プロダクト・バックログ（**キーワード2-④参照**）等の必須成果物の定義や推進体制役割の定義，リリース後の保守体制整備等がなされているかを検証する必要がある。

キーワード 2-④ プロダクト・バックログ

アジャイル型開発の全体管理をするためのドキュメントで，機能の優先順位を示したアジャイル開発における作業計画ともいえる。

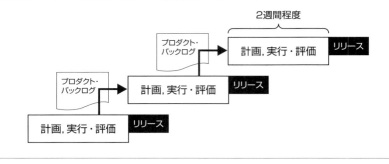

（2）企画・開発プロセス
①企画・開発プロセスとは

　従来型開発モデルの要件定義プロセス以降移行プロセスまでに相当し，計画工程，実行・評価工程，リリース工程から構成される。

　アジャイル型開発モデルでは，開発対象とする機能を2週間程度の短期間で開発できるボリュームに分割し，計画，実行・評価（以下，イテレーション）を反復して，各イテレーションで要件の範囲・優先順位の見直しを行い，リリースを実施する。一般的に，開発ドキュメントは外部とのやり取りに必要となるものなどに限定して作成することから，最低限の範囲の文書しか作成されない。

　要件のすべてを最初に決めてしまうのではなく，イテレーションを通じて新たな課題を発見し，その課題解決がユーザにとって優先すべき要件であれば，その要件を優先させて開発しリリースを行う。

　計画工程（スプリント・プランニング）は，従来型開発モデルの要件定義プロセスに相当する。案件の全体像を理解し，関係者全員が「案件のビジョン」「ビジネスゴール」について共通認識を持って取り組むための文書（イ

ンセプションデッキ）を作成し，全体像を明らかにする。また，ユーザの視点から記述されたソフトウェアへの要望書（ユーザストーリー）を作成し，実現したい機能を書き出す。そして，プロダクト・バックログを作成し，機能単位で優先順位付けと見積もりを行う。インセプションデッキ，ユーザストーリー，プロダクト・バックログは，ウォータフォール型開発モデルの要件定義書に相当する。

　実行・評価工程（デイリー・スクラム）は，従来型開発モデルにおける開発プロセスの設計工程以降テストプロセスの結合テスト工程までに相当する。設計からテストを短いサイクル（スプリント）で繰り返し実施し，段階的にソフトウェアを開発し，リリース工程へ移行可能な状態に仕上げる。

　スクラムチームは，プロダクト・バックログからスプリントで開発する項目を選択した後，開発チームとスクラムマスターがスプリント・バックログ（**キーワード2-⑤**参照）を作成し，スプリントで行う作業を明らかにする（スプリント・プランニング）。開発チームはスプリント・バックログに従って設計からテストまでを行い，リリース工程へ移行可能な状態に仕上げる。

　リリース工程は，従来型開発モデルにおけるテストプロセスのシステムテスト工程以降移行プロセスまでに相当する。リリース工程では，リリース可能な品質水準を確保するために，開発チームとプロダクトオーナーが，各々の立場から要件の充足を確認（スプリント・レビュー）し，品質評価後に本番移行に向けた移行作業計画書等を作成する。また，スクラムチームは，自らの活動を振り返り（スプリント・レトロスペクティブ）次回の開発スプリント以降のアクションプランを決める。

キーワード　2-⑤　スプリント・バックログ

　優先順位高として選定した「プロダクト・バックログ」をスプリント内で完了させるための作業リスト。

②企画・開発プロセスに対する検証

　迅速性というアジャイル型開発の特性を踏まえ，ツールによる監査証拠の自動収集や継続的モニタリング等により迅速性を阻害しないように監査することを考慮しなければならない。「アジャイル型開発だからドキュメントは作成不要」というのは誤解であり，属人化を排除し保守性を確保するためにドキュメントは必要であり，ドキュメント作成にかかるルールが整備・運用されていることは不可欠である。

　2週間程度の短期間で工程が繰り返されることから，毎日実施されるデイリー・スクラムに陪席してコミュニケーション状況を確認したり，開発チームが利用している進捗・品質等の管理ツールへの登録内容を随時確認したりするなどにより，ルールに沿った運営がなされているかを検証する。

V まとめ

　リスクベースでの監査においては，ルールへの準拠性に加え，組織体に内在しているリスクに対し，PDCAサイクルが機能し，自律的に改善が図られる態勢となっているかを確認し，ルールの整備・改定といったPDCAサイクルを機能させるための改善を導き出すことが重要である。以下で各開発モデルおよびEUCの監査用チェックリストを一覧化したので，実務の参考にされたい。

1 ウォータフォール等従来型開発モデル採用案件に対する監査用チェックリスト

　監査人は，監査テーマを踏まえて検証事項を選定し，資料査閲と関係者に対するヒアリングを組み合わせることで事実確認を行い，監査を実施してい

く。第Ⅲ節での説明を踏まえたウォータフォール等従来型開発モデル採用案件を対象とした監査における検証事項は以下のとおりである。

【ウォータフォール等従来型開発モデル採用案件に対するチェックリスト】

プロセス		検証事項
企画	計画策定	・IT戦略，IT計画が経営戦略と整合しているか。 ・情報システム投資の優先順位決定基準が文書化されており，定められた決定基準に従ってIT計画が策定されているか。 ・セキュリティ・バイ・デザインの方針が文書化されているか。 ・情報システム投資の「費用対効果」の判断基準が文書化されており，定められた判断基準に従って投資の可否が決定されているか。 ・意思決定者に適時・適切に正確な情報が提供されているか。
	要件定義	・案件を適切に推進・管理する体制が構築されているか。 ・要件の妥当性が検討され，開発対象業務のリスク分析等がなされているか。 ・ユーザ部署と開発部署間で要件定義の内容が共有化され，文書化されているか。 ・業務要件だけでなく，非機能要件が明確化されているか。 ・情報システムの品質，コスト，スケジュール等が文書化され，ユーザ部署，開発部署の責任者によって承認がなされているか。 ・情報システム導入によるIT投資の有効性評価等が実施されており，導入後に当初想定効果の達成状況を確認することが明確化されているか。
開発	全般	・開発要員による運用環境へのアクセスやシステム運用業務の兼務が禁止されているか。 ・情報システム開発の方針・基準等が文書化され，適切に承認されているか。また，これらが遵守されているか。 ・開発の規模，情報システム特性，リスク等を考慮して開発手順が決定されており，開発責任者が承認しているか。 ・各プロセス内の重要な段階の終了ごとにユーザ，開発，運用／保守の各部署の責任者が適切にレビューし，承認しているか。
	設計	・ユーザ，開発，運用および保守の責任者がシステム設計書，運用設計書等を承認しているか。 ・セキュリティやコンプライアンス等を勘案してシステム設計，運用設計がなされているか。 ・セキュリティ・バイ・デザインの考え方が取り入れられているか。 ・開発の責任者が各種設計書を承認しているか。
	プログラミング	・プログラム設計書に基づいてプログラミングがなされているか。 ・プログラミングコードおよびプログラムのテスト結果が評価され，記録，保管されているか。
	テスト	・システムテスト計画には，単体テスト終了後の結合テスト，システムテスト（総合テスト）が含まれているか。また，ユーザ，開発，運用／保守等の責任者がシステムテスト計画を承認しているか。

開発	テスト	・ユーザおよび開発の責任者が，運用テスト計画を承認しているか。 ・要件定義どおりの機能が実装されているかが，ユーザ部署によるテストで確認されているか。 ・要件定義した機能確認に加えて，他システムへの無影響確認も含めて，必要かつ十分なデータが用いられてテストが適切に実施され，要件定義どおりに問題なく稼動することが確認されているか。 ・システムの操作性に問題ないことが確認されているか。 ・情報セキュリティが確保されていることが確認されているか。 ・既存の情報システムへ影響がないことが確認されているか。 ・テスト結果が，ユーザ，開発，運用／保守等の責任者により評価されたうえで承認され，記録，保管されているか。
	移行	・移行の体制，各自の役割，権限と責任，スケジュール等が移行計画に含まれており，ユーザ，開発，運用／保守の各責任者が移行計画を承認しているか。 ・移行計画に基づき，要員，予算，設備等の資源が確保されているか。 ・移行計画に基づき移行手順が作成されており，移行手順に従って移行作業が実施されているか。 ・移行計画に基づき，システムを使用する者（ユーザやシステム運用者）に対する訓練や教育が実施されているか。 ・本番に近い環境を用いてリハーサル等により移行作業が確認されているか。 ・移行前後の不測の事態に備えて，コンティンジェンシー・プランが策定されているか。 ・移行後の初回稼動確認手順が整備されているか。
運用	システム運用管理	・開発要員によるシステム運用業務の兼務が禁止されているか。 ・運用設計に基づいて運用管理規則および運用手順が作成され，運用部署の責任者がこれらを承認しているか。またこれらに基づきシステム運用が実施されているか。 ・運用責任者が承認した年間運用計画に基づき，月次，日次等の運用計画が策定されているか。 ・業務処理の優先度を考慮してジョブ・スケジュールが設定され，そのジョブ・スケジュールに基づいてオペレーションがなされているか。 ・運用管理規則に基づいて，オペレータの交替，オペレーションが実施され，その記録が適切に保管されているか。 ・例外処理のオペレーションについては，運用管理規則に基づいて，必要な承認を受けて実施されており，その記録が適切に保管されているか。 ・情報システムの稼働状況をモニタリングするプロセスが確立されているか。 ・冗長性が担保され，バックアップ体制が適切に構築されているか。 ・事故・障害発生時の業務処理，復旧手順・作業，体制が文書化されており，関係者間で共有されているか。また，定期的に訓練が実施され，習熟が図られているか。 ・事故および障害が発生した際には，直接的な原因（プログラムのバグ等）だけでなく，真因（なぜ，プログラムバグが混入したのか等）が追求され，真因の再発を防止するための対策が講じられているか。

	利用管理	・操作ミスが生じにくい操作方法・手順となっているか。 ・操作手順が文書化され，システムを使用する者（ユーザやシステム運用者）に対して周知徹底されているか。 ・情報システムの利用を習熟するための研修や訓練が実施されているか。
	入力管理	・入力管理規則が定められ，遵守されているか。 ・データの誤入力，漏えい，不正利用，改ざん等を防止するための対策が講じられ，遵守されているか。
	データ処理	・データ処理の適切性を確保するため，ファイル間の整合性を確保する仕組みや，アプリケーション・システム間のインターフェース（連携）の仕組みが適切に整備され，遵守されているか。 ・エラーデータの修正および再処理の仕組みが適切に整備され，遵守されているか。
	出力管理	・出力管理規則が定められ，遵守されているか。 ・誤謬，漏えい，不正利用，改ざん等を防止するための出力データ管理にかかる対策が講じられ，同対策が実施されているか。
	データ維持・管理	・データ管理規則が定められ，遵守されているか。 ・データの保管，複写および廃棄に際し，誤謬，漏えい，不正利用，改ざん等を防止するためのデータ管理に係る対策が講じられ，同対策が実施されているか。
運用	情報システム管理	・ソフトウェア，ハードウェア，ネットワーク等の情報システムにかかる資産・資源を管理するためのルールが定められ，遵守されているか。 ・ソフトウェアの使用許諾契約に基づき，ソフトウェアが適切に使用されているか。 ・ソフトウェアが不当にインストールされていないか。 ・容量（キャパシティー）が，適時適切に監視され，必要な対策が実施されているか。
	施設・関連設備管理	・想定されるリスクに対応できる環境に施設および関連設備が設置され，必要な対策が講じられているか。 ・不正防止および機密保護等の観点から，施設・区画への入退館・入退室管理ルールが定められ，遵守されているか。
保守	全般	・保守要員による運用環境へのアクセスおよび運用業務の兼務が禁止されているか。 ・保守の規模，期間，情報システムの特性等を考慮して保守手順が決定されており，保守部署の責任者により承認がなされているか。 ・ユーザ，運用／保守の各部署の責任者が保守計画を承認しており，計画に従って適切に保守が実施されているか。 ・情報システムの変更依頼等に対して，対応すべき保守内容および影響範囲の調査・分析がなされているか。 ・保守計画に基づいて各種設計書が変更されており，ユーザおよび保守の各部署の責任者による承認がなされているか。

保守	全般	・変更後のシステム設計書，プログラム設計書等が，適切に保存されているか。 ・保守のテスト計画に基づいて，変更したプログラムのテストが実施されており，テスト結果が，ユーザ，運用／保守の各部署の責任者により承認されたうえで，記録，保存されているか。
	移行	・移行の条件を考慮して，移行計画書に基づき移行手順が作成されており，移行手順に従って移行作業が実施されているか。 ・変更前のプログラム，データ等のバックアップが取得されているか。 ・運用／保守の各部署の責任者により，既存の情報システムに影響がないことが確認されているか。
廃棄		・リスクを考慮して廃止計画が策定されており，ユーザ，運用／保守の各部署の責任者の承認がなされたうえで，情報システムが廃止されているか。 ・情報の誤廃棄，漏えいを防止するための対策を踏まえて，廃止時期およびハードウェアやソフトウェア等の廃棄方法が決定されているか。 ・決定された廃棄方法に従って，適切に廃棄処理がなされているか。

2 アジャイル型開発モデル採用案件に対する監査用チェックリスト

　監査人は，アジャイル型開発モデルの利点を阻害しないように，検証事項を選定するとともに，検証のやり方，監査の進め方を工夫することが重要である。第Ⅳ節での説明を踏まえたアジャイル型開発モデル採用案件を対象とした監査における検証事項は以下のとおりである。

【アジャイル型開発モデル採用案件に対するチェックリスト】

プロセス	検証事項	
管理態勢構築	・アジャイル型開発モデル適用可否判定プロセスが整備されているか。 ・プロダクトオーナー等の任命プロセスが整備されているか。 ・アジャイル手法を考慮した開発規程が整備されているか。 ・リスク評価プロセスが整備されているか。 ・モニタリングプロセスが整備されているか。 ・可監査性を保証する仕組みが整備されているか。 ・完了定義や受入基準を明確化するルールが整備されているか。 ・成果物を特定するルールが整備されているか ・リリース後の運用・保守体制が整備されているか。	

		・アジャイル型開発モデル適用可否判定プロセスに基づき開発手法が選定されているか。 ・開発規程に基づいた開発がなされているか。 ・リスク評価プロセスに基づくリスク評価がなされているか。 ・モニタリングプロセスに基づいたモニタリングがなされているか。 ・完了定義・受入基準を定めたルールに基づく運用がなされているか。 ・成果物特定ルールに基づき成果物を作成されているか。 ・ゴール設定が明確になされており，リリース計画が策定されているか。 ・既存の周辺システムとの連携が考慮されているか。 ・イテレーション計画が策定されているか。
企画・開発		

3 EUCに対する監査用チェックリスト

　RPA等のツール台頭により，EUC（**コラム2-③参照**）によって基幹系システムへの打鍵処理やメール発信等も可能となっている。この結果，EUCの影響範囲が拡大していることから，EUCが抱えるリスクを踏まえた管理・監査が従来以上に重要となっている。EUCを対象とした監査における検証事項は以下のとおりである。

【EUCに対するチェックリスト】

	プロセス	検証事項
全社的管理	管理の枠組みの整備・運用	・組織全体としてのEUCの統括管理責任者の明示とその役割・権限・責任が明確化されているか。 ・EUCの定義と管理対象とするEUCの基準の明確化と組織全体への周知徹底がなされているか。 ・EUCを定期的に洗い出す仕組みが整備され，運用されているか。 ・EUCの開発，運用／保守，廃止に係る手続が整備され，運用されているか（手続きの明確化に加え，権限と責任の明確化，EUCの開発から廃棄に至る各文書の作成・管理等を含む）。
個々のEUC管理	開発プロセスの管理の枠組みの整備・運用	・EUC開発着手に係る承認（組織体横断的な管理部門およびEUCの統括管理責任者の同意も必要）がなされているか。 ・EUC開発手続に沿ったレビューがなされているか。 ・EUCのテストが実施されているか。 ・EUCの実装が承認されているか。 ・必要な文書類が整備・保存されているか。

		・適切なアクセス権限が付与されているか。
個々のEUC管理	運用，利用プロセスの管理の枠組みの整備・運用	・EUCの運用・利用手続きに沿った運用がなされているか。 ・入力の正確性，完全性を確保するための人的措置について継続的に改善がなされているか。 ・処理結果の正確性，完全性が確認されているか。 ・EUC（プログラム等）とデータのバックアップがなされ，適切に保管されているか。
	保守，廃棄プロセスの管理の枠組みの整備・運用	・入力の正確性，完全性等を確保するための技術的措置について継続的改善（システム・チェック機能の追加等）がなされているか。 ・EUC（プログラム等）の正確性，完全性等について定期的にレビューがなされているか。 ・システム部門が管理する情報システムに移行する必要がないか定期的および必要に応じた検討がなされているか。 ・廃棄に係る承認と手続に沿った廃棄処理（データの誤廃棄，情報漏えいの防止等）がなされているか。

参考文献

一般社団法人日本内部監査協会編［2021］『IT監査とITガバナンス（補訂版）』同文舘出版。

金融庁［2023］「金融機関のITガバナンスに関する対話のための論点・プラクティスの整理（第2版）」（6月）。

経済産業省［2023］「システム監査基準」。

経済産業省［2023］「システム管理基準」。

特定非営利活動法人日本システム監査人協会［2020］『情報システム監査実践マニュアル（第3版）』森北出版。

特定非営利活動法人日本システム監査人協会［2023］「システム管理基準ガイドライン」。

西村直人・永瀬美穂・吉羽龍太郎［2022］『SCRUM BOOT CAMP THE BOOK─スクラムチームではじめるアジャイル開発（増補改訂版）』翔泳社。

発注ナビ［2024］「アジャイル開発とは？今さら聞けない開発手法のメリット・デメリット」（https://hnavi.co.jp/knowledge/blog/agile_software_development/）（9月1日）。

山口雅和・NPO情報システム監査普及機構［2024］第3回公開研究会「アジャイル開発プロジェクトにおけるアジャイル監査─課題の整理と解決に向けたアプローチ─」（6月21日）。

第 **3** 章

情報セキュリティおよび
サイバーセキュリティに係る監査

　本章では，情報セキュリティ管理およびサイバーセキュリティ管理
とそれらの監査について述べる。

　まず，情報セキュリティとサイバーセキュリティの共通点と相違点
を整理する。NIST「サイバーセキュリティフレームワーク2.0」（NIST
CSF 2.0）を用いて管理態勢を説明し，特にサイバーセキュリティに
おいて留意すべき事項を解説する。

　I　情報セキュリティ管理の必要性
　II　情報セキュリティ管理の対象範囲
　III　情報セキュリティおよびサイバーセキュリティの管理態勢
　IV　セキュリティ管理に関する各種トピック
　V　まとめ

Ⅰ 情報セキュリティ管理の必要性

　情報は，企業経営の根幹を成す重要な経営資源である。顧客情報，市場情報，仕入先情報，生産管理情報など，企業の活動は様々な情報に基づいて計画され，管理されている。これらの多くの情報はコンピュータや，記憶媒体，紙面，人の記憶など様々な形で管理されている。デジタル技術の進歩により，企業が保有する情報をさらに活用することが可能となり，企業の競争力強化に貢献するようになっている。逆に，自社の情報が競合に活用されると自社が不利となり，犯罪に悪用されることで，被害が拡大する恐れもある。

　そのため，企業は自然災害やシステム障害，サイバー攻撃といった様々な事象（インシデント）に対し，情報システムが提供するサービスを継続し，情報の漏えいや紛失を防ぐ必要があり，適切な情報セキュリティ管理を実施する責任がある。特に，近年では，個人情報保護法などの法規制が整備され，情報セキュリティ管理への社会的要請が高まっている。

　本章では，情報セキュリティ管理に関する体制，および対策について解説する。なお，前述のとおり情報は様々な形で管理されているが，本章では，コンピュータや記憶媒体で管理される情報を対象とする。

Ⅱ 情報セキュリティ管理の対象範囲

　インターネットが普及した現代においては，情報セキュリティ管理と同様にサイバーセキュリティ管理の重要性も高い。

第3章 │ 情報セキュリティおよびサイバーセキュリティに係る監査

　情報セキュリティとサイバーセキュリティについて，その違いと本章における対象範囲について以下で解説する。

1 情報セキュリティ管理とサイバーセキュリティ管理の共通点と相違点

　まず，情報セキュリティ管理とサイバーセキュリティ管理の共通点と相違点を3つの観点で整理する。なお以下の分類は整理のため類型化したものであり，すべての組織に当てはまる厳密な定義ではないことに注意が必要である。

（1）対象範囲

　情報セキュリティ管理では，企業が保有する情報全般が対象となる。個人情報や営業上，技術上の重要な情報など，データか紙面かに関わらず，あらゆる情報を保護するための対策が含まれる。

　サイバーセキュリティ管理では，電子化された情報であるデジタルデータが対象となる。ネットワーク攻撃，マルウェア，不正アクセスなどの様々な脅威からデジタルデータを保護するための対策が含まれる。

　そのため，社内のデータだけでなく，情報システムのハードウェア，ソフ

◎図表3-1　対象範囲における共通点と相違点◎

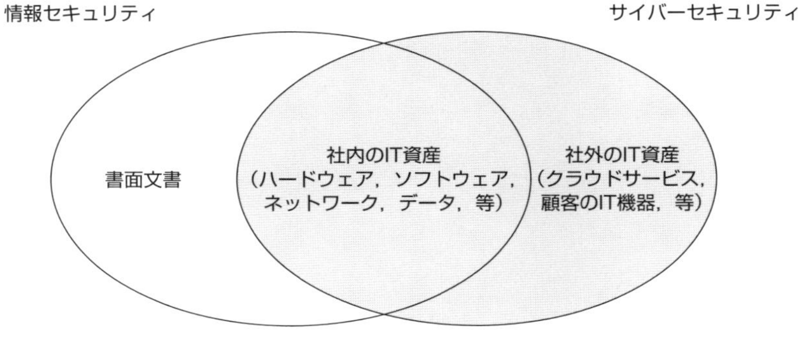

情報セキュリティ　　　　　　　　　　　　　　　　　　サイバーセキュリティ

書面文書　　　社内のIT資産
（ハードウェア，ソフトウェア，
ネットワーク，データ，等）　　　社外のIT資産
（クラウドサービス，
顧客のIT機器，等）

75

トウェア，ネットワークといった社内のIT資産は情報セキュリティ管理においても，サイバーセキュリティ管理においても管理対象となる一方，クラウドサービスや顧客が所有するIT機器等はサイバーセキュリティ管理の対象となる。

（2）想定するリスク

情報セキュリティ管理では，内部犯行による情報漏えいや，システム障害や被災によるサービス停止，低下がリスクに含まれる。

サイバーセキュリティ管理では，サービス停止，低下に加えて，外部からの攻撃による情報流出や不正利用，サービス停止等がリスクに含まれる。

原因が被災や故障といった自然発生的なものか，外部からの攻撃によるものかを問わず，システム障害やサービス停止は情報セキュリティ管理においてもサイバーセキュリティ管理においてもリスクとして捉えられるのに対し，外部からの不正利用や情報漏えいといったリスクはサイバーセキュリティ管理の対象となる。

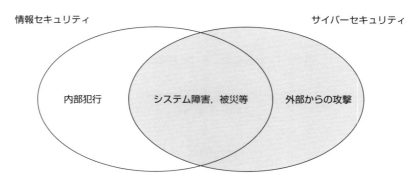

◎図表3-2　想定するリスクにおける共通点と相違点◎

（3）管理プロセス

情報セキュリティ管理では，文書管理や個人情報保護等のようにルールに

従って厳密な管理を必要とするプロセスと，アクセス権限の管理やセキュリティパッチ等のように環境の変化や技術の進歩に適応しつつ継続的に改善を進める情報セキュリティマネジメントシステム（Information Security Management System: ISMS，**キーワード3-①参照**）を必要とするプロセスが含まれる。

サイバーセキュリティ管理においても，平時における体制整備のため，情報セキュリティマネジメントシステムは不可欠である。その一方で，CSIRT（Computer Security Incident Response）やSOC（Security Operation Center）のように予測できないサイバー攻撃に備えた即応する体制が必要となる。

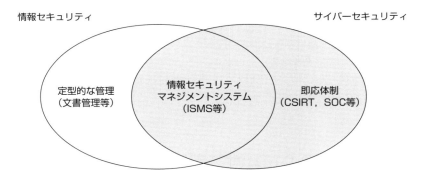

◎図表3-3　対象とする管理プロセスにおける共通点と相違点◎

2　本章における情報セキュリティ管理とサイバーセキュリティ管理の対象範囲

　以上の分類は，あくまでも情報セキュリティ管理とサイバーセキュリティ管理の比較のためであり，現実の管理において情報セキュリティ管理とサイバーセキュリティ管理を別個のものとする必要はない。例えば，（1）でクラウドサービスをサイバーセキュリティ管理の対象としたが，組織が情報セキュリティ管理の一環として管理することを否定するものではない。

情報セキュリティ管理においても，サイバーセキュリティ管理においても最も重要なのはISMSを構築し，適切に運用することである。

　第Ⅲ節では，NISTサイバーセキュリティフレームワーク2.0（NIST CSF 2.0）（**キーワード3-②**参照）を用いて，ISMSを中心とした情報セキュリティ管理態勢について解説する。

　第Ⅳ節では，サイバーセキュリティに関する各種トピックについて解説する。

キーワード3-① 情報セキュリティマネジメントシステム（ISMS）

　ISMS（Information Security Management System）とは，情報セキュリティを実現するための組織管理の仕組みである。リスクアセスメントに基づき，組織に必要なセキュリティレベルを定め，対策を検討し，資源を配分し，システムを運用する一連のプロセスが含まれる。

　ISMSを構築し，運用するに当たり国際標準や一般的なガイドラインに準拠することで，組織の能力を評価し，保証することが可能となる。ISMSに関する国際標準としてISO/IEC 27001:2022があり，ISMSの要件を定義している（日本ではJIS Q 27001:2023として規格化）。

キーワード3-② NISTサイバーセキュリティフレームワーク 2.0 （NST CSF 2.0）

　NISTサイバーセキュリティフレームワーク 2.0（NST CSF 2.0）とは，米国国立標準技術研究所（NIST）が公開したサイバーセキュリティに関する文書群である。元々は米国連邦政府の重要インフラ向けのガイドラインとして2014年に策定されたものが，広く世界中の組織で参考にされるようになった。

　NIST CSFは以下の3つの要素で構成されている。

① Core（コア）：分類されたセキュリティ管理策の一覧
② Tier（ティア）：セキュリティ管理策を成熟度で評価するための基準
③ Profile（プロファイル）：セキュリティ管理策の「現状」と「目標」を表現する手法

現在の最新版は，2024年2月に公開されたVer.2.0であり，主に以下の点が追加されている。
①組織の規模や業種，成熟度に関わらず利用できるよう適用範囲が拡大された。
②コアに新たな機能として「統治（Govern）」が追加された。
③サプライチェーンに関するガイダンスが強化された。

III 情報セキュリティおよびサイバーセキュリティの管理態勢

第III節では，情報セキュリティとサイバーセキュリティの共通点として管理態勢を中心に解説する。管理態勢のガイドラインとして，NIST CSF 2.0を使用する。

NIST CSF 2.0におけるセキュリティ管理策は，以下の6つの機能に分類される。各機能で実施すべき内容を以下で解説する。

◎図表3-4　NST CSF 2.0における6つの機能◎

機能	概要
統治（Govern）	サイバーセキュリティのガバナンスを強化する。
識別（Identify）	組織の重要な資産やリスクを特定する。
防御（Protect）	IT資源に対する保護策を実施する。
検知（Detect）	サイバー攻撃や異常な活動を早期に検知する。
対応（Respond）	インシデント発生時に迅速かつ適切に対応する。
回復（Recover）	インシデント後に業務を迅速に復旧させる。

1 統治（Govern）

統治では，経営が示した情報セキュリティ管理に関する基本方針（セキュリティポリシー）に基づき，組織がセキュリティ戦略を実施し，リスクを管理する。

（1）基本方針（セキュリティポリシー）

セキュリティに関わる様々な脅威から組織を守るためには，組織を構成する全員にセキュリティ意識を定着させることが不可欠である。

まず，経営者が組織全体の情報セキュリティに対する理念や指針を基本方針（セキュリティポリシー）として示す必要がある。そして，基本方針に基づき組織としてあるべき行動や水準を対策基準（スタンダード），実施手順（プロシージャ）として体系的に整備する。

対策基準（スタンダード）とは，基本方針に基づき，具体的に実施する対策について記述する。組織的に情報セキュリティ対策を行うためのガイドラインとなるものである。

実施手順（プロシージャ）は，対策基準（スタンダード）で定めた対策を実施する際の詳細な手順について記述する。

策定された基本方針，対策基準，実施手順は社内の関係者に公開し，周知を図る。

（2）役割・責任・権限

基本方針，対策基準，実施手順の体系に基づいて，情報セキュリティ管理を推進するために，全社的な組織体制を構築する。情報セキュリティ管理における最高責任者および情報セキュリティ管理を推進する組織を設置し，拠点，部門における情報セキュリティ対策を実施する責任者を定める。

また，サイバー攻撃に備えた即応体制としてCSIRTやSOCといった組織

第3章 情報セキュリティおよびサイバーセキュリティに係る監査

も必要となる。

　各責任者および組織の概要は以下のとおりである。

①　情報セキュリティ管理責任者

　全社的な情報セキュリティ対策の策定，実施，改善における責任を負う。
企業であれば経営者あるいは情報セキュリティ担当役員（CISO）といった
経営層を任命することが望ましい。セキュリティ管理における組織内の役割，
責任，権限を確立し，関係者に周知する。

②　情報セキュリティ管理組織

　情報セキュリティ管理の実行組織として，対策基準，実施手順の見直し，
リスクの評価，セキュリティインシデント発生時の対応などを実施する。

③　SOC（Security Operation Center）

　ネットワークやシステムを24時間365日監視する常設のチームであり，検
知されたセキュリティインシデントを分析し，システムの隔離や停止といっ
た初動対応を実施する。

④　CSIRT（Computer Security Incident Response Team）

　検知されたセキュリティインシデントに対して適切な対応を実施し，シス
テムを復旧する。また，サイバー攻撃を未然に防止するため，脆弱性に関す
る情報を収集し，セキュリティパッチの適用を行うとともに，サイバー攻撃
対応に関する訓練を実施する。

81

コラム3-① SOCとCSIRTの違い

　SOCとCSIRTはどちらもサイバー攻撃に対応することを目的とした組織だが，SOCがセキュリティインシデントの早期検知を目的とするのに対し，CSIRTは検知されたセキュリティインシデントの対応と予防を目的とする点に違いがある。

　SOCやCSIRTが機能するためには，専門人材の確保・育成や設備への投資が必要となる。そのため，これからSOCやCSIRTの設置を検討する企業では，SOCやCSIRTを別々の組織体として立ち上げるよりも，既に存在する情報セキュリティ管理組織やシステム部門の人材や設備を活用し，外部の専門家の力を借りつつ，段階的に教育・訓練や設備投資を進めることを検討すべきである。

⑤　拠点責任者

　本社オフィスや工場といった自らの拠点の役割に応じた情報セキュリティ管理の責任を負う。組織の規模，機能によってネットワーク管理者，システム管理者といった管理対象ごとの管理者を任命する。あるいは，教育実施責任者や点検実施責任者といった管理業務ごとに責任者を任命する。

⑥　部門責任者

　IT部門，総務，人事，広報など，情報セキュリティの管理対象が複数部門にまたがる場合，各部門において情報セキュリティ管理の責任者および管理者を任命する。

⑦　内部監査部門

　基本方針，対策基準，実施手順に沿って情報セキュリティが構築され，適切に管理されていること，有効に機能していることを検証する。

（3）従業員の管理

　基本方針に従ってセキュリティに関する従業員などの役割および責任を明確に文書化し，雇用契約時は情報セキュリティに関する責任や義務について

同意・署名を得る。担当する業務に係るリスクに対応した力量を決定し，必要な教育・訓練を定期的に実施する。セキュリティ規則への違反行為に対する懲戒手続の整備や，雇用終了時の資産返却，ユーザアカウントの削除を実施する等の管理を行う。

（4）外部委託先の管理

業務の有効性と効率性を向上させるため，外部組織のリソースを活用することが増えている。委託先となる外部組織では，セキュリティ面での環境が異なることから，委託先選定基準に基づいて，リスクを評価しなければならない。

委託元から委託先に求めるセキュリティ要件を正確に伝え，秘密保持契約を含む業務委託契約の締結，セキュリティ事故発生時の責任範囲や対応方法等を明確にする。また，ビジネスパートナーや委託先（再委託先を含む）等を含めたサプライチェーン全体のセキュリティ管理状況を定期的に評価するなどの管理を行う。

さらに，委託先人員の異動，委託契約終了時の取り扱いについても従業員同様に留意する。

2 識別（Identify）

識別では，組織にとって重要なIT資産やリスクを特定する。また，特定されたIT資産およびリスクを評価し，優先順位をつける。

（1）IT資産管理

IT資産管理は，組織が使用しているIT資産（例：データ，ハードウェア，ソフトウェア，システム，施設，サービス，人員）を調べ上げるプロセスである。

まず，組織が所有するすべてのIT資産を一覧化する。ハードウェアであ

れば型番，シリアル番号，設置場所，保守期限，ソフトウェアであればバージョン，ライセンス数，導入先のコンピュータ名，サポート期限などといった詳細情報も含めて調べ上げる必要がある。大規模な情報システムを所有する組織では，IT資産に関する情報も膨大となるため，IT資産管理ツールを導入し，データとして管理することが望ましい。

一覧化されたIT資産は定期的に棚卸を実施し，実態を確認する必要がある。保守期限が迫っている機器は更改，サポート期限が迫っているソフトウェアについてはバージョンアップを検討する必要がある。また，使用を終了した機器はデータを完全に消去したうえで廃棄し情報漏えいを防ぐ必要がある。

（2）リスクアセスメント

一覧化されたIT資産の各々について，脅威と脆弱性を洗い出す。

脅威とはIT資産に損害を発生させるおそれのある潜在的な原因であり，サイバー攻撃，自然災害，偶発的なミス，意図的な犯行等が挙げられる。

◎図表3-5　脅威の種類と具体例◎

脅威の種類		具体的な脅威の例
人為的脅威	意図的脅威	不正アクセスによるデータ窃取，改ざん 機器やデータの盗難 ネットワーク上のデータの盗聴
	偶発的脅威	パソコンやデータの紛失 メール誤送信，ファイル誤削除等のミス 経年劣化による故障，不具合
環境的脅威		地震，火災，津波，洪水といった自然災害

脆弱性とはIT資産を脅威から守ることができなくなる弱点であり，脆弱性を補うために様々なセキュリティ対策を講じることとなる。

脅威と脆弱性に基づき，リスクの発生確率と影響度を評価する。IT資産の重要性（価値）より，対応すべきリスクの優先順位を決定する。

第3章 情報セキュリティおよびサイバーセキュリティに係る監査

コラム3-② リスクアセスメント手法

　セキュリティ対策に投入できるIT予算やIT人財は有限であることから，リスクアセスメントに基づき優先順位を付けて対策を実施する必要がある。リスクアセスメントを実施するにもIT知識が必要であり，効率性が求められる一方で，リスクを見落とす，過少評価することで対策を怠った結果，セキュリティインシデントが発生しては本末転倒となる。そのため，環境や組織に合ったリスクアセスメント手法を選定する必要がある。

　以下に主要な4つのリスクアセスメント手法を紹介する。

① ベースラインアプローチ

　既存の標準や基準を参照して対策を検討する。IT資産ごとにリスクを評価しないので，簡単に実施することが可能だが，参照する標準や基準が組織に合っていないと対策に過不足が生じる恐れがある。

② 非形式的アプローチ

　組織や担当者の判断によってリスクを評価し，対策を検討する方法。短時間に実施することが可能だが，属人的な知識や経験に依存するため，判断に偏り，対策に漏れが生じる恐れがある。

③ 詳細リスク分析

　IT資産ごとに「資産価値」「脅威」「脆弱性」を識別し，対策を検討する方法。個々の情報資産に適した対策を実施することが可能だが，手間がかかる。

④ 組合せアプローチ

　複数の方法を併用し，それぞれの長所短所を補完する方法。例えば，重要なIT資産には詳細リスク分析を実施し，重要性の低いIT資産にはベースラインアプローチを実施するといった組み合わせがある。

3 防御 (Protect)

　防御では，組織のIT資産を守るための具体的なセキュリティ対策を講じる。これにより，サイバー攻撃や不正アクセスから情報やデータを守り，業務の継続性を確保することができる。

(1) ユーザ認証
　ユーザ認証は，システムやデータにアクセスするユーザが本人であることを確認する。本人であることを確認するため，認証には以下の3つの情報が用いられる。
① 知識情報：本人しか知らない情報（例：パスワード等）
② 所有物情報：本人しか有しないもの（例：ICカード，スマートフォン）
③ 生体情報：本人の身体の一部から得られる情報（例：指紋認証）

　また，上記の内，2つを組み合わせて認証を行う二要素認証，または2つ以上を組み合わせる多要素認証を用いることで，セキュリティを強化することが可能となる。なお，複数回の認証を行う場合でも，同じ種類の情報を用いる場合は二段階認証，多段階認証と呼ばれ，二要素認証，多要素認証よりもセキュリティは弱いと考えられている。例えば，ID/パスワード（知識情報）でログインした後に，秘密の質問に回答させる（知識情報）ケース等がある。
　特に，ユーザ認証にパスワードを用いる場合は，パスワードの長さを一定以上にする，英数字や記号を混在させる，定期的に変更させる等のルールを実装し，容易に推測できないものを設定させる必要がある。

（2）アクセス制御

アクセス制御は，システムやデータに対し，予め許可された範囲でのみユーザにアクセスを許可する。

また，利用するシステムやクラウドサービス等が増えると，アクセス制御が複雑になることから，IDアクセス管理（Identity and Access Management: IAM）やシングルサインオン（SSO）機能の活用を図ることも検討することが望ましい。

ネットワークのアクセス制御としては，ネットワーク機器における設定，ファイアウォール（Fire Wall: FW）およびDMZ（DeMilitarized Zone）の設置等が挙げられる。

（3）教育・訓練

教育・訓練は，組織全体のセキュリティ意識を高め，セキュリティポリシーの周知を図るために実施する。その主な内容として以下が挙げられる。

①　セキュリティポリシー

組織のセキュリティポリシーや規程を学び，なぜ，それが必要とされるのかを理解する。

②　サイバー攻撃手法

フィッシングやランサムウェアなど，具体的なサイバー攻撃の手口と対策を学び，疑似的な攻撃を想定した訓練を実施する。

③　情報の取り扱い

機密情報の取り扱いに関する規定や，データの保存・共有方法について学ぶ。例えば，USBメモリやクラウドサービスの利用に関するガイドライン等が挙げられる。

また，教育・訓練の実施方法として，集合研修，オンライン研修，定期的なテストが挙げられる。継続的に実施することで，従業員のセキュリティ意識を高い状態に保つ。

（4）物理的なセキュリティ
①　施設や設備に対するセキュリティ対策
　データセンターやサーバ室など主要な情報システムが設置されている施設や設備において，地震，火事，水害などの災害や，高温多湿，停電等による情報システムやデータへの被害を最小限に抑えるため，施設の立地，構造（耐震，免振，耐火など）を考慮し，消化設備，空調設備，非常用発電装置，無停電電源装置（Uninterruptible Power Supply: UPS）などを設置することなどが挙げられる。

②　入退館，入退室に対するセキュリティ対策
　施設や設備への不正侵入等による破壊，盗難を防止するため，入退館，入退室時の本人確認（入退カードの利用など）や記録の取得，常時監視などの対策を講じることが挙げられる。

③　IT機器に対するセキュリティ対策
　サーバやパソコン，スマートフォン，データ記録媒体などのIT機器に対する盗難，破壊，不正操作などによる業務への支障や情報の漏えい・改ざんを防止するため，盗難防止用にワイヤーチェーンを付ける，万一盗まれた場合でも不正使用されないようパスワードロックをかける，パソコン廃棄時は記録装置を破壊するなどの対策が挙げられる。またスマートフォンなどの携帯端末では，盗難発生時にリモートワイプ（遠隔操作によるデータ消去）するといった対策もある。

第3章　情報セキュリティおよびサイバーセキュリティに係る監査

（5）ウイルス対策ソフトウェア

コンピュータウイルスは，プログラムやデータベースに対して意図的に何らかの被害を及ぼすように作られたプログラムであり，以下の機能を1つ以上有している。

①　自己伝染機能

自分自身を他のプログラムやコンピュータにコピーすることで他のシステムに伝染する機能。

②　潜伏機能

特定の時刻や期間，処理回数等，特定の条件が満たされるまで活動を開始しない機能。

③　発病機能

ファイルを破壊する，外部に送信する等，コンピュータに異常な動作を引き起こす機能。

コンピュータウイルスには，ワーム，トロイの木馬，スパイウェア，ボット，ランサムウェアなど多くの形態が存在する。

ウイルス対策ソフトウェアは，これらのコンピュータウイルスを検出・除去し，パソコンやサーバを保護する。ウイルス対策ソフトウェアが有効に機能するためには，ウイルス検出に用いられるデータ（シグネチャ）およびウイルス対策ソフトウェアそのものを最新の状態に保つ必要がある。

4　検知（Detect）

検知では，システムやネットワーク内で発生する異常な活動を検知し，不正アクセスや侵入の痕跡を分析することで攻撃手法を特定する。

（1）監視

IT資産の重要度に応じて，関係する情報システムやネットワーク機器へのアクセスログおよび操作ログを取得する。アクセス権限エラーや利用時間外のアクセスログ，許可されていない特権IDによる操作ログといった不審な通信やシステムの挙動がないか監視する。大量のログを監視するため，侵入検知システム（Intrusion Detection System: IDS）や侵入防止システム（Intrusion Protection System: IPS），セキュリティ情報とイベント管理（Security Information and Event Management: SIEM，**キーワード3-③**参照）などを用いてアラートを上げさせることが有効である。なお，これらの装置では誤検知が発生することもあるので，設定を継続的に見直し，チューニングする必要がある。

（2）分析

監視によって検知されたアラートに対し，ログデータや関連情報を収集・調査することで，インシデントの詳細や影響範囲，原因などを特定する。このような分析を行う人材には，ネットワーク機器やシステムに関する広範囲な知識と高度な分析スキルが求められるとともに，サイバー攻撃や技術に関する最新動向についての継続的な情報収集および教育が必要となる。

（3）初動対応

分析によってインシデントが特定されると，速やかに初動対応を実施する。被害の拡大防止を最優先とし，例えば，侵入されたコンピュータやネットワークを切り離し他への侵入を防ぐ，サイバー攻撃の影響を受けているシステムやアプリケーションを停止し攻撃者による活動を阻止するといった処置が挙げられる。また初動対応と並行して，経営層や関連部署への報告・連携も必要となる。これらの活動を速やかに実施するためには，平時からの計画や手順の整備，訓練が欠かせない。

第3章 情報セキュリティおよびサイバーセキュリティに係る監査

キーワード3-③ セキュリティ情報とイベント管理（SIEM）

SIEMは，ネットワーク機器やセキュリティ機器のログデータを収集し，脅威の可能性がある兆候をリアルタイムかつ自動で検出し，通知するセキュリティ管理システムである。SIEMを用いることで，大規模なネットワークシステムの管理者が内外からの脅威に先手を打って対応することが可能となる。

SIEMの主な機能は以下のとおりである。

①ログ収集と統合

ネットワーク機器，サーバ，アプリケーション，セキュリティ機器などのログデータを収集し，整理してデータベースに格納することで分析を容易にする。

②リアルタイム分析と通知

収集されたログデータをリアルタイムで分析し，異常な活動やセキュリティインシデントを検知し，セキュリティチームや管理者に通知する。

③相関分析

異なるログデータ間の相関関係を分析し，複数のログデータに跨って記録されている脅威の痕跡を関連付けることで脅威を特定する。これにより，FWやIDS／IPSといった単一のセキュリティ機器では見逃される可能性のある複雑な攻撃を検出することが可能となる。

5 対応（Respond）

対応では，サイバー攻撃等のインシデントが発生した際に迅速かつ効果的に対処することで，被害を最小限に抑える。

（1）調査・対応

検知されたインシデントに対し，情報セキュリティ管理責任者は対応体制を立ち上げ，あらかじめ策定しておいた対応方針に基づき，責任者と担当を

定める。なお，インシデント対応を円滑に進めるため，予め，インシデントの種類ごとに対応方針を実施手順として定めておく必要がある。また，予めCSIRTを組織し，役割を明確にしておけば，対応体制を迅速に立ち上げることが可能となる。

対応体制は，対応方針に基づき原因を調査し，修正プログラムの適用，設定変更，機器の入替え，データの復元等，必要な対応作業を実施する。

自社で対応が難しい場合は，IT製品のメーカー，保守ベンダー等の外部専門組織や公的機関の相談窓口等に，支援や助言を依頼する必要がある。

（2）証拠の保全

サイバー攻撃，内部関係者の情報漏えい等，インシデントによっては訴訟を視野に入れ，事実関係を裏付けるデータや証拠を確保する。例えば，サーバの不正侵入であれば，関係するログを外部媒体にバックアップする，パソコンへのウイルス感染であれば，ネットワークから切り離して保管する等，確実に保全する。また，必要に応じてフォレンジック調査（**キーワード3-④**参照）を実施することも検討する。

キーワード3-④　フォレンジック（Forensic）調査

フォレンジック調査とは，犯罪捜査や裁判での立証に用いられる調査・分析のための技術である。特に，サイバー攻撃や内部関係者の不正アクセス等に対し，コンピュータやネットワーク，外部記録媒体などから情報を収集・解析し，法的証拠として活用する技術を「デジタルフォレンジック」と呼ぶこともある。

フォレンジック調査は対象によって調査手法や用いられる技術が異なる。例えば，コンピュータであればハードディスクやメモリを調査し，削除されたデータの復元や外部記録媒体が接続された痕跡の調査を行う。スマートフォン等のモバイル機器であれば，端末のデータだけでなく，通信履歴や内容も調査対象となる。そのため，フォレンジック調査を実施するためには，コンピュータやネットワークに関する高度な知識だけでなく，法律に関する知識も必要となる。通常，このような人材を社内で確保することは困難であり，被害を受けた際に迅速にフォレ

ンジック調査を実施できるよう，あらかじめ相談できる外部のフォレンジック調査業者を選定しておくことが望ましい。

（3）報告

　対応状況を経営層およびすべての関係者に通知する。すべての関係者への通知が困難な場合，影響が社外にも広範囲に及ぶ場合は，Webサイトやメディアを通じて公表する。なお，公表する場合は被害の拡大を招かないよう，時期，内容，手段を考慮する必要がある。顧客や一般消費者に影響が及ぶ場合は，受付専用の窓口を開設し，問合せや被害報告を速やかに把握できるようにする。

　個人情報漏えいが起きた場合は個人情報保護委員会，犯罪性がある場合は警察，ウイルス感染や不正アクセスは独立行政法人情報処理推進機構（IPA）等，公的機関への届出を行う。

6　復旧（Recover）

　復旧では，インシデントが発生し対応を実施した後にシステムや業務を元の状態に戻し，再発防止策を講じる。

（1）復旧作業

　対応が完了したことが確認できたら，初動対応で切り離したコンピュータやネットワークを再接続する，停止したシステムやアプリケーションを再稼働する等，復旧作業を実施する。

（2）再発防止策

　インシデントの根本原因を分析し，再発させないために必要な対策を検討する。例えば，外部からの不正侵入であればその原因となったシステムや

Webアプリケーションの脆弱性の解消，Webサーバやセキュリティ機器の設定見直し，アクセス権限の見直し等，内部犯行であれば認証やアクセス制御等の社内の情報セキュリティ管理体制の強化が含まれる。

(3) バックアップ・リストア

バックアップは，データの損失やシステムの障害から復旧するための手段である。あらかじめデータやシステムのバックアップデータを取得しておくことで，データの破損や紛失，システム障害時にバックアップデータの取得時点の状態に速やかに復旧することが可能になり，また，バックアップしたデータが保管期間中に改ざんされないよう保護することも可能となる。

なおバックアップからの復旧手順については，訓練のうえ，実効性を確保することが重要である。

IV セキュリティ管理に関する各種トピック

1 主なサイバー攻撃手法

(1) 分散型サービス不能攻撃（DDoS攻撃）

分能型サービス不能攻撃（Distributed Denial of Service：DDoS攻撃）とは，多数のコンピュータから一斉に標的となるコンピュータへの大量のアクセスを行い，処理能力を飽和させる攻撃手法である。

対策として，IPSやCDN（Content Delivery Network）を用いて攻撃に用いられたアクセスを検知し，遮断する必要がある。

◎図表3-6　分散型サービス不能攻撃（DDoS攻撃）◎

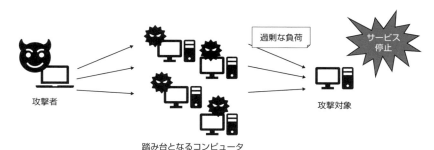

（2）ブルートフォース攻撃，パスワードリスト攻撃

　ブルートフォース攻撃は，総当たり攻撃とも呼ばれ，考えられるパスワードをすべて試すことで，不正アクセスを試みる攻撃手法である。

　対策として，長く複雑な（英数字や記号，大文字と小文字を混ぜる等）パスワードを設定する，複数回パスワードを間違えるとログインを拒否するログインロック機能を有効化する等の設定が効果的である。

　また，パスワードリスト攻撃では，攻撃者が何らかの手段で入手したIDとパスワードの組み合わせを使って，不正アクセスを試みる攻撃手法であり，ブルートフォース攻撃よりも成功率が高くなる。

◎図表3-7　パスワードリスト攻撃◎

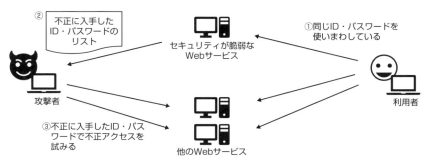

対策としては，利用者側でパスワードの使いまわしを避けることが必要であるとともに，システム側でもブルートフォース攻撃と同様，ログインロック機能に加えて，同一のアクセス元から複数のIDでログイン試行を行うケース等，ログ監視から予兆を発見する態勢を構築することが望ましい。

（3）SQLインジェクション，コマンドインジェクション

SQLインジェクションとは，アプリケーションの脆弱性を悪用し，想定しないSQL（Structured Query Language）文を実行させることで，データベースに対して許可されていないデータ表示や削除，挿入といった不正な操作を実行する攻撃手法である。

同様に，コマンドインジェクションとは，脆弱性を悪用して，システムソフトウェアに対して不正な操作を実行する攻撃手法である。

対策として，アプリケーションの開発段階から脆弱性が含まれないように作り込むことである。具体的には，アプリケーションへ入力される文字列に対して不正なコマンド等の文字列が含まれていないことをチェックする機能を組み込むことである（サニタイジング処理）。

◎図表3-8 コマンドインジェクション◎

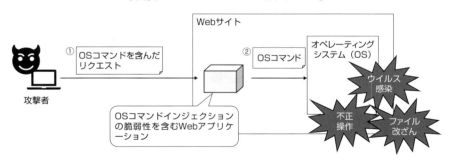

また，サービス開始前に，Webアプリケーション診断やペネトレーションテストを実施し，脆弱性を取り除くこと，Webアプリケーションファイ

アウォール（Web Application Firewall：WAF）を導入し，不正な文字列を検知し，防御することも有効である。

（4）クロスサイトスクリプティング（XSS）

クロスサイトスクリプティング（XSS）とは，Web掲示板等，利用者が入力した内容によって生成されるWebアプリケーションの脆弱性を悪用し，攻撃者が他の利用者に意図しない動作を実行させる攻撃手法である。具体的には，攻撃者が不正なコードを埋め込むが，デジタル証明書も正規のものが使用されることから外見的には正規のWebサイトであるため，利用者が気づくことが困難となる。

対策として，自社のWebサイトがXSSによって悪用され，加害者となることを防ぐためには，アプリケーションの出力に不正なスクリプト等の文字列が含まれていないことをチェックする機能を組み込むことである（サニタイジング処理）。

また，WAFを導入し，不正な文字列を検知し，防御することも有効である。

（5）フィッシング

企業になりすまして，偽のメール（フィッシング・メール）を利用者に送り付ける等の方法で，不正なWebサイトに誘導する攻撃手法である。不正なWebサイトを精巧に作ることで，利用者に誤認させ，ID・パスワード等といった秘密情報が詐取される。

対策として，自社のWebサイトにデジタル証明書を導入することで，利用者が正規のWebサイトかどうかを確認できるようになる。

また，本人確認にワンタイムパスワードを使用していれば，一度限りのパスワードが詐取されても，再利用されることを防ぐことができる。

（6）中間者攻撃（MITM攻撃）

中間者攻撃（Man In The Middle: MITM攻撃）とは，利用者の端末と企

◎図表3-9　中間者攻撃（MITM攻撃）◎

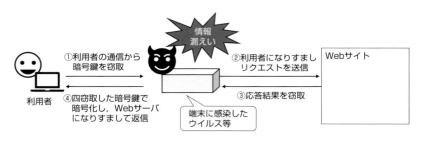

業のWebサイトの通信に割り込んで，利用者に気づかれないように，通信を傍受し，改ざんし企業のWebサイトに送信する攻撃である。利用者は正規のWebサイトに接続しているため，画面だけではフィッシング以上に攻撃を受けていることに気づきにくい。

　対策として，自社のWebサイトにデジタル証明書を導入することで，利用者は攻撃者による割込みを受けているか確認できるようになる。

　ただし，フィッシングと異なり，攻撃者が詐取したワンタイムパスワードを即時に使用することで不正操作が可能となる。そのため，MITM攻撃を防ぐには取引の完全性を確保するための仕組みであるトランザクション認証が有効である。

　また，MITM攻撃の一種として無線LANを用いた攻撃手法があることから，信用できない無線LANアクセスポイントの利用は避けることが望ましい。

（7）MITB攻撃

　MITB攻撃（Man in the Browser攻撃）とは，コンピュータウイルス等を用いて，利用者の端末のWebブラウザを改ざんし，暗号化される前，あるいは復号化された後の通信を傍受し，利用者のパスワードを盗む，ブラウザに表示される情報を改ざんするといった攻撃手法である。MITM攻撃と異なり，企業の正規のサーバに直接接続していることから，デジタル証明書は正規のものが表示され，利用者が気づくことが困難である。

第3章 | 情報セキュリティおよびサイバーセキュリティに係る監査

　対策として，利用者がブラウザを改ざんされないよう，信頼性の低いWeb
サイトに接続しない，コンピュータウイルス対策を徹底すること等が求めら
れる。

　また，企業側の対策として，取引の完全性を確保するトランザクション認
証が有効である。

（8）標的型攻撃

　標的型攻撃とは，特定の個人や組織に合わせたフィッシングやマルウェア，
ソーシャルエンジニアリングを組み合わせて，機密情報の窃取やシステムの
破壊等を行う攻撃手法である。攻撃者は，事前に攻撃対象に関する情報を収
集し，その情報を基に攻撃を計画・実行するため，攻撃の成功率が高く，甚
大な被害をもたらす可能性がある。

　対策として，社員に対してフィッシングの見分け方や安全なパスワードの
作成方法，マルウェア感染時の対応方法等の教育訓練を行う，IPSやIDS，
ふるまい検知型ウイルス対策ソフトウェア（Endpoint Protection Platform:
EPP）等を用いて，攻撃者による侵入の早期検知等が求められる。

◎図表3-10　標的型攻撃◎

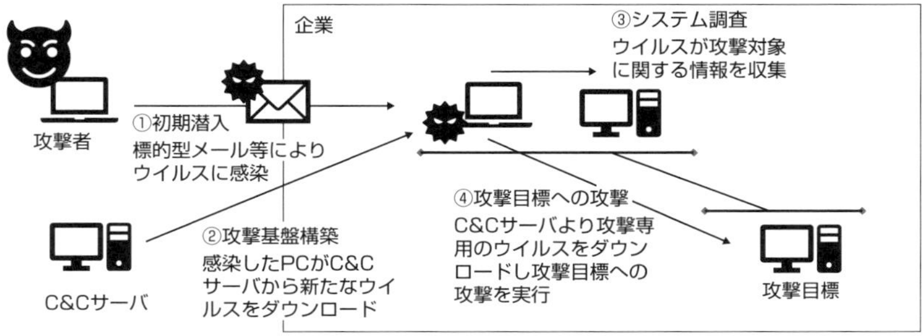

（9）ビジネスメール詐欺

　ビジネスメール詐欺とは，企業の役員や取引先になりすまし，社員に対し

99

て金銭の振り込み，または，ログイン情報等の機密情報を要求するEメール
を送信することで，金銭や機密情報を窃取する攻撃手法である。

　単純なフィッシングよりも，信頼できる人物を装うことで攻撃対象が騙さ
れる可能性が高い。

　対策として，社員に対してフィッシングの見分け方や，不審なメールに対
する対処法に関する教育，メールフィルタリングにより不審なメールの自動
検出等が求められる。

　特にメールシステムに侵入されると，自社だけでなく他社への攻撃に悪用
される恐れがあるため，メールシステムの定期的な監査やペネトレーション
テストも有効である。

◎図表3-11　ビジネスメール詐欺◎

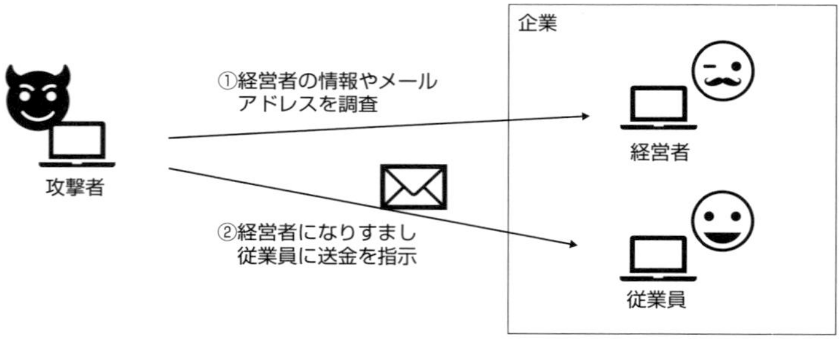

(10) ランサムウェア

　ランサムウェアとは，ネットワークを介して組織内に拡散するとともに，
データを暗号化して使用不能にするマルウェアの一種である。攻撃者は，ラ
ンサムウェアに感染した企業に対して，暗号化されたデータを復号するため
「鍵」と引き換えに身代金を要求する。ランサムウェアに感染すると，暗号
化されたデータが使えなくなるだけでなく，自社のシステムが使用不能とな
り業務の停止を招く恐れもある。

　対策として，データが使用不能にされた時のために定期的なデータのバッ

クアップ，ランサムウェアが攻撃する脆弱性を解消するため最新のセキュリティパッチの適用，ウイルス対策ソフトウェアによるシステムの保護等が求められる。

(11) ソーシャルエンジニアリング

ソーシャルエンジニアリングとは，人間の心理の隙をついて，機密情報を引き出す，システムにアクセスさせるといった手法である。フィッシングやビジネスメール詐欺といった対象を騙すメールやWebサイトを作ることも広い意味でのソーシャルエンジニアリングの一種である。他にも，**図表3-12**に挙げられるような手法があり，ITを用いない手法全般を指すこともある。

対策として，社員のセキュリティ意識を高め，疑わしい状況，人物に対して警戒心を持たせるための研修，施設の不正侵入を防ぐセキュリティドアや監視カメラの設置といった物理的なセキュリティ導入が必要となる。

◎図表3-12　主なソーシャルエンジニアリング手法◎

名称	概要
テールゲーティング	正規の従業員の後ろに続いて施設に侵入する
プリテキスティング	ITスタッフ等になりすまして機密情報を聞き出す
トラッシング	ごみ箱に廃棄された文書から機密情報を復元する
ショルダーハッキング	画面上のパスワードや機密情報を盗み見る

(12) サプライチェーン攻撃

サプライチェーン攻撃とは，攻撃者が企業や組織のサプライチェーン（供給網）を狙って行うサイバー攻撃である。例えば，企業が利用するソフトウェアやサービスの提供元に侵入し，ソフトウェアにバックドアを仕込んでおく，サービスのアクセス権限を不正利用する等，提供元を経由して企業に攻撃を仕掛ける。

対策として，ソフトウェア開発を外部委託する場合は，定期的に委託先に

おけるセキュリティ対策の実施状況を評価する，サービスを提供する事業者についてはセキュリティや信頼性に関する外部機関の報告書を定期的に入手する等，監査によらない方法での検証が挙げられる。

◎図表3-13　サプライチェーン攻撃◎

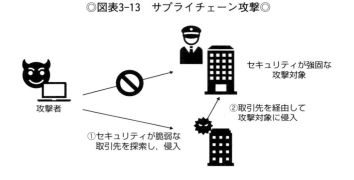

2 主なセキュリティ技術・手法

(1) ファイアウォール (FW)

　FWは社内ネットワークを安全に守るために，外部ネットワークとの接続ポイントに設置するネットワーク機器である。通常，ネットワークを外部ネットワーク，内部ネットワーク，DMZの3つに分割し，外部とDMZ，DMZと内部，外部と内部のそれぞれの通信を制限することで防御を図る。

　なお，FWは通信の種類と送信元，宛先で制限をかけるため，SQLインジェクション等といったFWで許可されている通信を用いた攻撃は防護できない。このような攻撃から防御するためにはIDS/IPSやWAFが必要となる。

(2) プロキシ (Proxy)

　インターネット等の外部との通信を一元管理するために用いられるサーバ機器である。社内の従業員がインターネットに接続する際に，プロキシを経

第3章 情報セキュリティおよびサイバーセキュリティに係る監査

◎図表3-14　ファイアウォール，プロキシ◎

外部ネットワーク

外部ネットワークからDMZへの通信は
宛先がWebサーバ，メールサーバ，プ
ロキシサーバとする通信のみ許可

DMZ

Web
サーバ

メール
サーバ

プロキシ
サーバ

ファイア
ウォール

外部ネットワークと
内部ネットワークの
直接接続を制限

内部ネットワークからDMZへの通信は
メールサーバ，プロキシサーバ等にのみ
許可

内部ネットワーク

由し，本来の接続元である社内PCのIPアドレスを隠し，攻撃されるリスク
を低減する。また，FWと連携し，外部ネットワークとの通信をプロキシ経
由に限定することで，内部ネットワーク上のサーバや社内PCから許可され
ていない外部ネットワークへの通信を遮断し，内部ネットワークを防御する。

（3）侵入検知システム（IDS），侵入防止システム（IPS）

　IDSはネットワーク上の通信を監視し，異常を検知し，管理者に通報する
機能である。利用方法により，監視するサーバにソフトウェアとしてインス
トールするホスト型，独立した機器としてネットワークに接続するネットワ
ーク型に分類される。

　また，異常を検知する仕組みとして，シグネチャと呼ばれる既存の侵入手
口と参照して攻撃を検知する不正検出，通信量や接続先等，通常とは異なる
振る舞いを検知する異常検出の2種類に分類される。

　IPSは，IDSを拡張し，不正な通信を検出した際に通信データを破棄，あ
るいは通信を遮断することで防御する。

　IDS/IPSは外部ネットワークとの接続経路だけでなく，社内でのウイルス
拡散防止のために，拠点間等を接続する広域ネットワークにも設置すること

103

がある。

(4) Webアプリケーションファイアウォール(WAF)

　FW，IDS/IPSは不正な通信，異常な通信からシステムを保護する機能だが，SQLインジェクション等のように許可された通信に悪意のあるコードを埋め込むような攻撃からは防御することができない。

　WAFは管理者が想定する正常な通信パターン以外を遮断，無害化することにより，SQLインジェクションやXSS等の不正な入力からシステムを防御する。

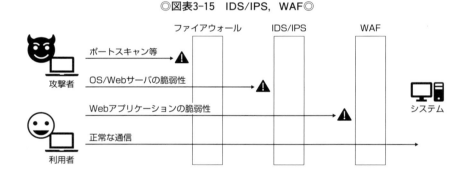

◎図表3-15　IDS/IPS，WAF◎

(5) CDN

　CDNとは，インターネット上のコンテンツ(動画，画像，Webページなど)を効率的に配信するためのネットワークサービスである。世界中に多くのサーバを配置し，利用者がアクセスする際に最も近いサーバからコンテンツを配信することで，速度向上とサーバの負荷分散を実現する。

　CDNを利用することで，DDoS攻撃などの過剰な負荷を与える攻撃からサーバを防御することが可能となる。

◎図表3-16　CDN◎

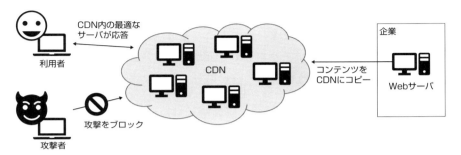

(6) 通信の暗号化（TLS）

　通信の暗号化（Transport Layer Security：TLS）とは，利用者のPCとサーバの間での通信の暗号化，改ざん検知を行う仕組みである。なお，コンピュータの性能向上や暗号技術の研究の進歩により，古い暗号化では通信の機密性を確保することが困難となる（危殆化）。そのために，暗号化については常に最新動向を確認し，推奨される方式，バージョンを選択することが望ましい。特に，以前はSSL（Secure Sockets Layer）と呼ばれる仕組みが用いられていたが，SSLに脆弱性が発見されたことで，2024年12月時点における最新バージョンはTLS1.3であり，TLS1.2以上を用いることが推奨されている。

　加えて，SSLやTLS1.0/1.1といった古い方式を悪用されないように，PC側でもサーバ側でも禁止する設定を行うことが望ましい。

(7) サーバ証明書

　TLSによる暗号化を行う際に用いられるデジタル証明書のうち，サーバに導入するものである。利用者はブラウザの鍵マークをクリックすることで，接続しているWebサイトで用いられているサーバ証明書の内容を参照することが可能である。利用者がサーバ証明書の発行元，接続先のWebサイトの企業名等を確認することで，フィッシング等で偽装されたWebサイトを見破ることが容易となる。

(8) トランザクション認証

サーバ側で利用者の取引内容を暗号化し,利用者が通信結果と突合することで,攻撃者による成りすましに気づくことを可能とする仕組み。

専用の機器やソフトウェアを用いて,通信の窃取,改ざんを防止することで,中間者攻撃やMITB攻撃といった利用者になりすます攻撃手法への対策として有効である。

◎図表3-17　トランザクション認証◎

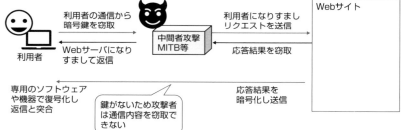

(9) ゼロトラストセキュリティ

インターネットが普及した当初,ネットワークのセキュリティは外部と内部の2つの領域に分け,その境界で防御することで内部ネットワークを保護する「境界型セキュリティ」の考え方が一般的であった。

近年においてクラウドサービスやリモートワークが普及したことにより,外部と内部ネットワークの明確な境界を設定することが難しくなったこと,標的型攻撃やビジネスメール詐欺のように利用者の心理的弱点を突く攻撃手法が広がったことで,「境界防御」の考え方ではセキュリティとして不十分であるとの認識が広がった。特に,一度,内部ネットワークに侵入されると横断的,二次的な不正アクセスやウイルスの侵入に対して脆弱となる点が課題となる。

ゼロトラストセキュリティは"Never Trust, Always Verify"と言われるよ

うに，すべてのネットワークや機器には脅威が潜んでおり信頼できない（ゼロトラスト）の前提に立ち，内部のネットワークであってもアクセスに対して厳格な認証を要求し，かつ利用者や機器には必要最小限のアクセス権限しか許可しないことで，セキュリティを確保しようとする考え方である。

　社内のネットワークや機器であっても信用しないというと，制約が強くなるようにも見えるが，ゼロトラストセキュリティでは許可さえ得られれば社内・社外を問わずサービスやシステム，データにアクセスできるという点で，従来の境界型セキュリティよりも柔軟な運用が可能となる側面もある。

　このような「ゼロトラストセキュリティ」は単一のセキュリティ製品で実現できるものではなく，セキュリティを設計するうえでの指針として利用形態，システム環境に応じたソリューションを組み合わせることによってはじめて実現可能となる。また，「ゼロトラストセキュリティ」はソリューションや機器を導入すれば終わりではなく，効果を発揮するためには継続的な監視と分析も不可欠であり，運用面および体制面の見直しも必要となる。

(10) ふるまい検知型ウイルス対策ソフトウェア（EPP），EDR

　従来のウイルス対策ソフトウェアはシグネチャ型と呼ばれ，事前に登録されたプログラムの特徴に一致するウイルス（マルウェア）を検出する。

　しかし，シグネチャ型のウイルス対策ソフトウェアでは登録されていないウイルス（マルウェア）が侵入した際に検知できず，ゼロデイ攻撃のような未知の攻撃，あるいは標的型攻撃のように攻撃対象に合わせて攻撃者が柔軟に攻撃手法を変更するケースでは，防御することが困難である。

　EPPでは，プログラムの異常な活動や不審な動作を特定することでウイルス（マルウェア）を検出する。

　また，EDR（Endpoint Detection and Response）では，端末上のログやネットワーク通信，ファイルの動作といったデータを収集して分析し，通常の挙動と異常な挙動を判別する。

　EPPもEDRも単独のソリューションを導入するものではなく，従来のウ

107

イルス対策やシステム，ネットワーク監視と組み合わせて利用する機能として提供される。

(11) Webアプリケーション診断，ペネトレーションテスト，脅威ベースのペネトレーションテスト（TLPT）

　脆弱性診断，ペネトレーションテスト，脅威ベースのペネトレーションテスト（TLPT）はいずれも，外部の専門家の力を借りて，インターネットに接続されたシステムやネットワークの脆弱性を検証するために用いられる。

　脆弱性診断では，主に，システムやネットワークにおける既知の脆弱性に対応できているか，ツールを用いた広範囲な検証を行う。脆弱性診断のうち，Webアプリケーションを対象とした検証はWebアプリケーション診断と呼ばれる。また，インターネット経由で実施するリモート診断と，組織の内部から実施するオンサイト診断に分けられる。

　ペネトレーションテストは，サイバー攻撃を受けた際の対策状況と影響範囲を検証するために実施される。攻撃者の視点に立って対象となるシステムに応じた攻撃シナリオを準備し，シナリオに沿った攻撃を試みる。

　TLPTはペネトレーションテストの一種だが，組織としての検知，対応能力まで含めた検証を行うために実施される。ペネトレーションテストでは，主に対象となるシステムのIPアドレスに対してインターネット経由で攻撃を試みる攻撃シナリオが用いられるが，TLPTでは攻撃者自身がデータセンターに不正侵入を試みる等，物理的な手法やソーシャルエンジニアリングと呼ばれる心理的な手法を組み合わせた攻撃シナリオが用いられることがある。また，TLPTでは，高度な攻撃シナリオを用いるためにレッドチーム演習（**キーワード3**-⑤参照）と呼ばれる訓練を通じた検証が行われる。

キーワード3-⑤ レッドチーム演習 (Red Team)

　レッドチーム演習とは，サイバー攻撃に関する訓練手法であり，攻撃側（レッドチーム）と防御側（ブルーチーム）にわかれ，攻撃側がサーバや端末などに疑似攻撃を仕掛け，防御側は攻撃を検知し，対応まで実施することを目指す。

　一般的にレッドチーム演習は，訓練のために準備された専用の環境を用いて実施されるが，TLPTでは，より高度な攻撃シナリオを用いるために，実際の環境を用いての訓練を行うこともある。

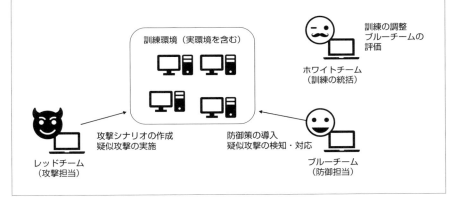

(12) ASM

　ASM（Attack Surface Management）は，インターネットからアクセス可能となっているIT資産を発見し，それらに存在する脆弱性などを検出するプロセスである。

　ASMを継続的に実施することで，組織のセキュリティ管理者が把握していない機器や意図しない設定ミスを発見することが可能となる。

◎図表3-18　ASM◎

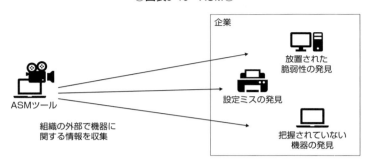

まとめ

　企業が自然災害やシステム障害，サイバー攻撃といった様々なインシデントに対し，サービスを継続し，情報の漏えいや紛失を防ぐためには，情報セキュリティ管理を実施する体制と継続的な管理が必要である。

　情報セキュリティ管理に関する監査において，重要なポイントを以下の3つにまとめる。

1　セキュリティポリシーの確立

　監査においては，経営者が情報セキュリティに関する基本方針（セキュリティポリシー）を示し，それが組織全体に浸透しているかを確認する。

　具体的には，基本方針に基づき，体系的に対策基準，実施手順を定めているか，情報セキュリティに関する役割・責任・権限が明確に示されているかを評価する。

第3章 | 情報セキュリティおよびサイバーセキュリティに係る監査

2 体制の整備

　監査においては，情報セキュリティに関する体制が適切に整備されているかを確認する。

　具体的には，基本方針に基づき全社的な情報セキュリティ体制，およびインシデントへの即応体制が整備されているか，それぞれの体制に必要な資源が割り当てられているかを検証する。

3 対策の適切性

　監査においては，想定される情報セキュリティリスクに対し，適切な対策が講じられていることを確認する。

　具体的には，リスクアセスメントにより対応すべきリスクに優先順位を付けているか，リスクに適した対策が講じられているか，訓練や演習により対策の有効性を評価しているかを確認する。

　特に，サイバー攻撃に関しては攻撃手法や技術が年々高度化することから，外部の情報を参考にし，新たなリスクに対処可能であることを検証する。

【情報セキュリティおよびサイバーセキュリティに係るチェックリスト】

カテゴリー		検証事項
統治 （Govern）	（1） 基本方針 （セキュ リティポ リシー）	・経営者は，情報セキュリティリスクを経営リスクの1つとして認識しているか。 ・経営者は，組織全体のセキュリティに対する理念や指針を基本方針（セキュリティポリシー）として示しているか。 ・基本方針に基づき，対策基準（スタンダード），実施手順（プロシージャ）を体系的に定めているか。 ・基本方針，対策基準，実施手順を社内の関係者に公開しているか。

111

	（2） 役割・責任・権限	・基本方針，対策基準，実施手順において，情報セキュリティ管理を推進する全社的な組織体制を定めているか。 ・情報セキュリティ管理における最高責任者を定めているか。 ・情報セキュリティ管理を推進する部署を設置しているか。 ・サイバー攻撃のリスクが大きい場合，サイバー攻撃に備えた即応体制（CSIRT，SOC等）を設置しているか。
	（3） 従業員の管理	・基本方針に従ってセキュリティに関する従業員などの役割および責任を明確に文書化しているか。 ・セキュリティに関する従業員との雇用契約において，情報セキュリティに関する責任や義務について同意・署名を得ているか。 ・セキュリティに関する従業員は，担当する業務に関する力量を定めているか。 ・従業員に必要なセキュリティに関する教育・訓練を定期的に実施しているか。 ・従業員によるセキュリティ規則違反に関し，懲戒手続を整備しているか。
	（4） 外部委託先の管理	・委託元から委託先に求めるセキュリティ要件を正確に伝えているか。 ・委託先に対し，秘密保持契約を含む業務委託契約を締結しているか。 ・セキュリティ事故発生時の責任範囲や対応方法等を明確にしているか。 ・ビジネスパートナーや委託先（再委託先を含む）等を含めたサプライチェーン全体を対象にのセキュリティ管理状況を定期的に評価しているか。
識別 （Identify）	（1） IT資産管理	・組織が所有するすべてのIT資産を一覧化しているか。 ・大規模な情報システムを所有する組織では，IT資産管理ツール導入を検討しているか。
	（2） リスクアセスメント	・脅威と脆弱性に基づき，リスクの発生確率と影響度を評価しているか。 ・発生確率と影響度を評価し，セキュリティ対策が対応すべきリスクに関する優先順位を決定しているか。 ・リスクに関する優先順位に基づきリスク対応計画（リスク低減，リスク回避，リスク移転）を策定しているか。 ・リスク対応計画に必要な予算を確保しているか。 ・リスク対応（対策をとらないものを含む）後の残留リスクを評価しているか。 ・定期的にリスクアセスメントを実施しているか。
防御（Protect）		・ユーザ認証について，重要度に応じた適切な認証方式を採用しているか。 ・ユーザ認証にパスワードを用いる場合は，容易に推測できないようにするための対策を講じているか ・システムやデータに対してアクセスを許可するユーザを特定しているか。 ・システムおよびネットワークにおけるアクセス制御によって，アクセスを許可しないユーザによるアクセスを確実に止めることが可能か。 ・データセンターやサーバ室等，重要なシステム機器が設置される施設や設備には，災害，高温多湿，停電等によるシステムへの影響を最小限にするための対策が講じられているか。 ・重要な施設や設備への不正侵入等による破壊，盗難を防止するため，入退館，入退室時の本人確認，常時監視などの対策を講じられているか。 ・IT機器に対する盗難，破壊，不正操作などを防止するための対策が講じられているか。 ・ウイルス対策ソフトウェア，およびそのシグネチャは最新の状態に保たれているか。

検知 (Detect)	（1） 監視	・IT資産の重要度に応じて，関係する情報システムやネットワーク機器へのアクセスおよび操作ログを取得しているか。 ・アクセスログや操作ログに不審な通信やシステムの挙動が無いか監視しているか。 ・監視するログが大量となる場合，IDSやIPS，SIEMなどを用いてアラートを上げさせているか。 ・IDSやIPS，SIEMなどを用いる場合は，定期的に設定を見直し，チューニングしているか。
	（2） 分析	・検知されたアラートに対し，ログデータや関連情報を用いた分析により，インシデントの詳細や影響範囲，原因などを特定しているか。 ・分析の担当者として，ネットワーク機器やシステムに関する広範囲な知識と高度な分析スキルを有する人材を確保しているか。 ・分析の担当者に対し，サイバー攻撃や技術に関する最新動向についての継続的な教育・訓練を計画しているか。
	（3） 初動対応	・初動対応に必要な人材を組織的に確保しているか ・初動対応に必要な手順を文書化しているか ・初動対応について，経営および関連部署への連絡要領は定められているか ・初動対応に関する手順に則して，平時において定期的に訓練を実施しているか。
対応 (Respond)	（1） 調査・対応	・インシデントを検知した際の対応方針をあらかじめ定めているか。 ・インシデントを検知した際の対応体制の立ち上げに関する手続きを定めているか。 ・インシデント対応体制について，責任者および担当者を確保できているか。
	（2） 証拠の保全	・インシデントによって，事実関係を裏付けるデータや証拠を確保するための手順が整備されているか。 ・必要に応じてフォレンジック調査を実施するための手続が策定されているか。
	（3） 報告	・社内におけるインシデントの報告要領が定められているか。 ・インシデントの影響が社外に及んだ際に，公表する際の手続が定められているか。 ・公的機関への届出が必要となるケースについて，届出先が確認されているか。
復旧 (Recover)	（1） 復旧作業	・復旧作業で使用する手順は事前に確認されたものを使用しているか。
	（2） 再発防止策	・インシデントに対する再発防止策を策定するための責任者および担当者が定められているか。
	（3） バックアップ・リストア	・重要なシステムおよびデータについてバックアップを取得しているか。 ・バックアップされたデータの改ざん防止策は講じられているか。 ・バックアップからの復旧手順については，訓練を実施することで実効性を確認しているか。

参考文献

一般財団法人日本規格協会［2015］「JIS Q 27014:2015（ISO/IEC 27014:2013）情報技術―セキュリティ技術―情報セキュリティガバナンス」。

一般財団法人日本規格協会［2023］「JIS Q 27001:2023（ISO/IEC 27001:2022）情報セキュリ

ティ，サイバーセキュリティ及びプライバシー保護―情報セキュリティマネジメントシステム―要求事項」。

一般財団法人日本規格協会［2024］「JIS Q 27002:2024（ISO/IEC 27002:2024）情報セキュリティ，サイバーセキュリティ及びプライバシー保護―情報セキュリティ管理策」。

一般社団法人日本内部監査協会編［2015］『IT監査とIT統制（改訂版）―基礎からネットワーク・クラウド・ビッグデータまで―』同文舘出版。

経済産業省［2016］「情報セキュリティ管理基準（平成28年改正版）」。

経済産業省［2022］「サイバーセキュリティ体制構築・人材確保の手引き 第2.0版」。

経済産業省［2023a］「サイバーセキュリティ経営ガイドライン Ver 3.0」。

経済産業省［2023b］「ASM（Attack Surface Management）導入ガイダンス―外部から把握出来る情報を用いて自組織のIT資産を発見し管理する―」。

通商産業省［2000］「コンピュータウイルス対策基準（最終改定）」。

独立行政法人情報処理推進機構セキュリティセンター［2023］「サイバーセキュリティ経営ガイドライン Ver 3.0実践のためのプラクティス集 第4版」。

独立行政法人情報処理推進機構セキュリティセンター［2024a］「中小企業の情報セキュリティ対策ガイドライン 第3.1版」。

独立行政法人情報処理推進機構セキュリティセンター［2024b］「TLS暗号設定ガイドライン 第3.1.0版」（6月19日）。

第 **4** 章

業務継続に係る監査

本章では業務継続管理（Business Continuity Management：BCM）とその監査について述べる。

まず，内閣府「事業継続ガイドライン」を参考に，BCMの全体像を示す。そのうえで，監査に際して，情報システム，デジタルサービスの観点から留意すべき事項を説明する。

Ⅰ　業務継続管理の必要性
Ⅱ　業務継続管理の対象範囲
Ⅲ　業務継続管理に関する態勢
Ⅳ　まとめ

業務継続管理の必要性

　地震，台風，津波などといった自然災害は突然発生し，企業の業務に大きな影響を及ぼすことがある。自然災害に限らず，パンデミックや，サイバー攻撃，または，戦争やテロ等の武力紛争といった緊急事態によっても企業は影響を受ける。また，近年では，企業の多くの業務において，自社のITシステム，OTシステム（**キーワード序-①参照**）だけでなく，クラウドサービスやASP（Application Service Provider，**キーワード4-①参照**）といった外部のデジタルサービスも不可欠な存在となり，これらの停止や中断も企業の業務に大きな影響を及ぼすこととなる。このような突然発生した状況をインシデントと呼ぶ。

　インシデントによる業務への影響について模式化すると**図表4-1～4-3**のようになる。

　企業の様々な業務において，**図表4-1**のように通常の状態で想定している

◎図表4-1　業務レベルのイメージ◎

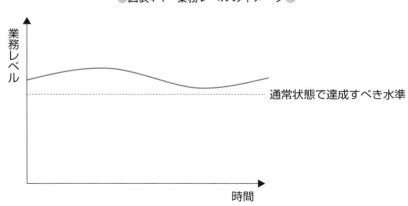

業務レベルがある。例えば工場における生産数，ITサービスにおける処理件数等が業務レベルに該当する。

インシデントが発生すると，**図表4-2**に示すように，一時的に業務レベルは低下し，その後，時間経過とともに通常の状態まで復旧する。例えば，工場で火災が発生し，製造装置が故障すると，一時的に生産数が低下する。その後，時間をかけて装置の修理や交換を行うことで元の水準に戻る。

インシデント発生後，復旧するまでに，企業が受ける損害を減らすためには，平時からインシデントを想定し，重要な業務を継続するために必要な資

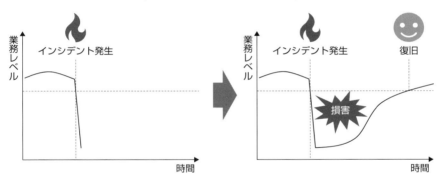

◎図表4-2　インシデントの発生と復旧◎

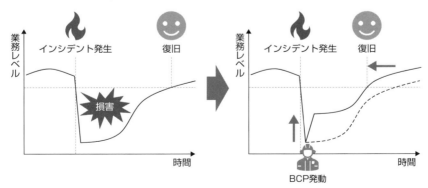

◎図表4-3　BCPによるインシデントの影響の軽減◎

源を識別し，迅速に通常の運営状態に戻すための手立てとなる業務継続計画（Business Contingency Plan：BCP）が不可欠となる。例えば，工場における製造装置の故障に対しては，予備部品や代替装置を予め確保しておき，インシデント発生後，迅速に修理や交換を行うことで，損害を軽減することが可能となる。この時，予備部品や代替装置を予め確保しておくことが製造装置の故障に対するBCPであり，インシデント発生後に修理や交換を行うことをBCPの発動と呼ぶ。

図表4-3より，BCPが発動することで，業務レベルを改善するとともに，復旧までの時間を短縮することが可能となる。また，BCPが効果を発揮するためには，迅速に発動できるよう事前に準備しておくとともに，定期的に教育や訓練を実施し，改善を継続することが必要である。

このようなBCPを策定し，継続的改善を図る一連の流れは業務継続管理（Business Contingency Management：BCM）と呼ばれる。企業は，業務継続に係る監査を実施し，継続的に改善を行うことで，顧客の信頼を維持し，製品やサービスの競争力を保ち，事業の安定性を高めることが可能となる。

キーワード4-① ASP

ASP（Application Service Provider）は，インターネットを通じて機能を提供するサービスである。利用者は自分のコンピュータにソフトウェアを導入する必要がなく，場所を問わずに利用できるメリットがある一方で，ASPを提供する事業者やインターネットに問題が発生すると利用できなくなる点がデメリットとなる。

コラム4-① 事業と業務

BCM，BCPの対象を「事業」とするか「業務」とするかは，非常に重要な観点を含んでいる。例えば，内閣府防災担当「事業継続ガイドライン—あらゆる危機的事象を乗り越えるための戦略と対応—」（2023年3月，以下，「事業継続ガイドライン」）はBCMを「事業継続管理」，BCPを「事業継続計画」とするのに対し，経済

産業省「システム管理基準」(2023年4月26日改訂)のⅡ．9．では，「組織体のITシステムの利活用に関する事業継続の方針に基づいて，(中略)情報システムの業務継続計画を策定し」とあり，BCPに「業務継続計画」を当てている。本章の内容は，「事業継続ガイドライン」を参考にするものの，BCM/BCPを「事業継続管理/事業継続計画」ではなく「業務継続管理/業務継続計画」とする理由は「事業」と「業務」が対象とする範囲の違いにある。

一般的に「事業」は，企業が提供する製品やサービス全体を意味するのに対し，「業務」は，事業を運営するために必要な一連の作業を指す。例えば，自動車メーカーの事業は，「自動車製造事業」であり，当該事業を支えるために「部品調達業務」や「製造管理業務」が必要となる。

本書の主要な読者は内部監査部門であり，内部監査においては客観的な証跡に基づき検証する必要がある。そのためには，監査の範囲を全体的な戦略を対象とする「事業」よりも，個別具体的な「業務」とするほうが，より有効な監査が可能になると考えられる。

もちろん，本章は，内部監査部門が「事業継続」に関する監査を行うことを否定するものではなく，本章における「業務」を「事業」に置き換えても大枠は問題無い。ただし，前述のシステム管理基準のとおり，「事業継続」には事業継続に関する方針といった全社的な「戦略」が含まれるのに対し，「業務継続」では，全社的な方針や戦略は所与のものとする点には留意が必要である。

業務継続管理の対象範囲

業務継続管理の対象は，BCPの策定，検証に関連するすべてのプロセスに及ぶ。これには，方針の策定に始まり，リスク分析，対策の検討を経て，BCPの策定，教育・訓練，BCPの見直しと改善が含まれる。特に，情報システムやデジタルサービスに関するBCPでは，システムバックアップ，データバックアップと復旧，物理的なセキュリティと施設の管理，従業員の安全と支援策を検討すべきである。

◎図表4-4　業務継続管理の流れ◎

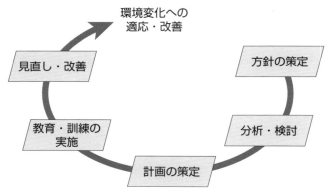

出所：内閣府［2023］を参考に筆者作成

 ## 業務継続管理に関する態勢

　本章では，内閣府防災担当「事業継続ガイドライン」に基づき，業務継続管理で実施する内容を整理し，監査に際して，情報システム，デジタルサービスの観点から留意すべき事項を説明する。

1　方針の策定

　「方針の策定」では，企業が緊急事態や災害に直面した際に，業務を継続するための基本的な方針を定める。方針の策定は，企業の経営者が主導し，組織全体で共有される必要がある。
　まず，経営者は自社の業務およびその環境を深く理解する必要がある。こ

れには，自社の経営方針や取引先や社会からの要求・要請を整理することが含まれる。これにより，自社が果たすべき責任や重要な事項を明確にすることができる。

次に，これらの理解に基づいて，業務継続に対する基本方針を策定する。この基本方針は，企業の業務継続に対する考え方を示し，BCMの目的や達成すべき目標を明確にする。また，BCMの対象とする業務の種類や事業所・拠点の範囲も明らかにする必要がある。これらの方針は，BCMの基礎となるため，取締役会や経営会議の決議を経て正式に承認されることが望ましい。さらに，BCMにおいては，顧客や自社，関連会社，派遣会社，協力会社などの役員・従業員の身体・生命の安全確保や，自社拠点における二次災害の発生防止が最優先事項となる。また，地域への貢献や共生も重要な考慮事項として取り上げることが望ましい。

経営者は，BCMの導入に際して，分析・検討，BCP策定などを行うための実施体制を整える必要がある。これには，BCMの責任者や事務局のメンバーを指名し，関係部門の担当者によるプロジェクトチームを立ち上げるこ

◎図表4-5　従来の防災活動とBCMの比較◎

	従来の防災活動	業務継続管理（BCM）
主な目的	身体・生命の安全確保 物的被害の軽減	従来の防災活動に加え，重要業務の継続または早期復旧
考慮すべき事象	自然災害のみ	自社の業務中断に繋がるあらゆるインシデント
重要視される事項	死傷者数・損害額を最小限にすること 従業員の安否を確認し，被災者を救助・支援すること	従来の防災活動に加え，経営及びステークスホルダーへの影響を許容範囲内に収めること
活動の範囲	拠点単位	全社横断的，かつサプライチェーン（委託先，取引先等）も対象
対策	拠点の損害抑制（耐震補強等） 被災後の早期復旧（備蓄，復旧作業等）	従来の防災活動に加え，代替手段を確保する

出所：内閣府［2023］を参考に筆者作成

とが含まれる。このプロジェクトチームには，企業が保有する情報システム，利用する外部のデジタルサービスに精通した担当者を加えることが望ましい。BCPが策定された後も，この体制を解散させず，事前対策や教育・訓練の実施，継続的な見直し・改善を推進するための運用体制に移行させ，BCMを維持していくことが重要である。経営者は，これらの体制において総括的責任および説明責任（アカウンタビリティ）を負う必要がある。

2 分析・検討

「分析・検討」では，非常事態や自然災害が発生した際に，業務に及ぼすリスクと影響を評価する。

また，分析・検討は業務影響度分析（Business Impact Analysis: BIA）とリスク分析の両面から実施する必要がある。

（1）業務影響度分析（BIA）

BIAは，組織にとって重要な業務を特定するために行われる。

BIAは，まず各業務の重要度を評価することから始まる。これには業務が中断した場合の財務的損失，法的な影響，企業の評判への影響，顧客へのサービス提供能力の低下などが考慮される。次に，各業務が依存しているリソースを特定し，それらのリソースが利用不可になった場合の影響を評価する。

◎図表4-6　業務の中断による影響の例◎

・売上，利益の減少
・顧客や取引先に提供する製品やサービスの低下
・従業員の雇用削減，福祉の劣化
・法令・条例や契約等への違反
・自社の社会的な信用の悪化

出所：内閣府［2023］を参考に筆者作成

次に、重要な業務に対して、目標復旧時間（Recovery Time Objective：RTO）、目標復旧レベル（Recovery Level Objective：RLO）を検討する。

① **目標復旧時間（RTO）**

自然災害等の発生後、業務を復旧させるまでの目標期間（時間）。

② **目標復旧レベル（RLO）**

自然災害等の発生後、通常業務に対しどの水準まで業務を復旧すべきか、あるいはどの水準で業務を継続すべきかを示す指標。

RTOとRLOの関係は**図表4-7**のように示される。

◎図表4-7　RTOとRLOの関係◎

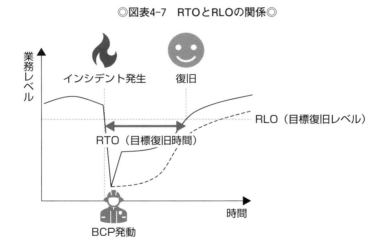

RTOとRLOを検討するためには、重要な業務が使用する情報システムやデジタルサービスのRTOとRLOに加え、目標復旧ポイント（Recovery Point Objective：RPO）が必要となる。

③ **目標復旧ポイント（RPO）**

　情報システムやデジタルサービスについて，自然災害等の発生前のどの時点まで，データを戻すべきかを示す目標時点（時間）。

（2）リスクの分析・評価

　リスクの分析・評価は，企業が直面する可能性のある発生事象に優先順位を付けることを目的とし，以下のステップで実施される。

① **発生事象の洗い出し**

　自社の事業の中断を引き起こす可能性がある発生事象を洗い出す。

　この洗い出しにおいては，自然災害だけでなく，サイバー攻撃，パンデミックなど，発生し得るリスクの範囲を極力広げて検討することが望ましい。

② **リスクマッピング**

　洗い出された発生事象について，発生の可能性と発生した場合の影響度を定量的・定性的に評価する。そのうえで，優先的に対応すべき発生事象に優先順位を付ける。

　リスクマッピングを行ううえで，事象が発生した際の業務への影響度を評価するためには，重要業務について，BIAで検討したRTOやRLOが必要となる。

　また，リスク分析によって，優先順位が高く評価された事象に対しては，当該事象に関するBIAを実施し，その結果をもってリスクの優先順位を再評価することが望ましい。このようにBIAとリスク分析は相互に関連しており，継続的に見直しを実施することが必要である。

第4章 │ 業務継続に係る監査

3 業務継続計画（BCP）の検討と決定

業務継続に関するリスクの分析・評価で設定したRTOやRLOを達成するため，具体的なBCPを策定する。

（1）業務継続方針の検討

BCPを具体化するにあたり，前提となる業務継続方針を確認する必要がある。業務継続方針には，以下の2つが存在する。

① 現地復旧

現在の拠点で迅速に復旧するための対策を講じる。想定される被害からどのように防御し，被害を軽減し，迅速に復旧するかを検討する。例えば，地震が発生した場合に，建物の耐震補強やデータのバックアップを行うことで被害を最小限に抑えることが含まれる。

② 代替

重要な資源（人的資源，拠点等）が利用できなくなった場合に，代替拠点を確保し，必要に応じて移転するための計画を立てる。代替拠点の場所を決め，設備投資を最小限に抑えつつ，立ち上げ訓練を実施すること等が含まれる。

いずれを選択するにせよ，業務継続方針を実現するためには平常時から一定のコストを投じて対策を講じる必要がある。一方，緊急時にも製品・サービスの供給が期待できることから，取引先からの評価や新たな顧客の獲得といったメリットがあり，企業は費用対効果を十分に考慮しながら最適な方針を選定することが求められる。

125

（2）業務継続計画（BCP）の策定

　BCPは，企業が災害や緊急事態に遭遇した際に，重要な業務を継続し，早期に正常な運営状態に戻るために必要な手段と手順を具体化するために策定される。

　また，BCPの内容は，**図表4-8**に示すように災害や緊急事態に遭遇した直後からBCPを発動するまでの初動対応，BCP発動後，重要な業務を継続する

◎図表4-8　BCPにおける段階◎

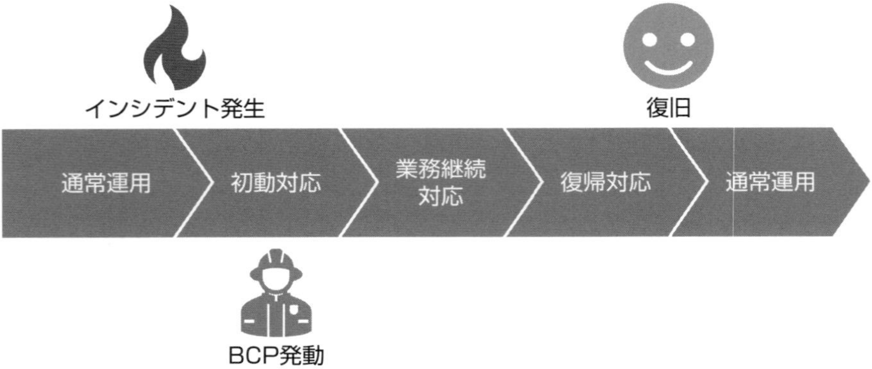

◎図表4-9　初動対応で実施すべき事項の例◎

実施主体	実施事項	
対策本部	対策本部を立ち上げ，指揮命令系統を確立する	
	被害状況を確認し，対策本部に情報を集約する	
	顧客・従業員の安全を確保する	
	二次災害防止のための対策を実施する	
	社内外に，自社の状況についての情報を発信する	
	責任者が業務継続計画の発動を決定する	
	初動対応で実施した内容や発生した問題点等を記録する	
各従業員	自身・周囲の安全を確保する	
	予め定められた方法に基づき，安否を報告する	

出所：内閣府［2023］を参考に筆者作成

第4章 業務継続に係る監査

ための業務継続対応，そして，通常の運営状態に戻るための復帰対応と段階に分けられ，それぞれ必要とされる手段と手順は異なるものとなる。

各段階の対応において実施すべき事項の例を**図表4-9〜4-11**に示す。

◎図表4-10　業務継続対応において実施すべき事項の例◎

実施主体	実施内容
対策本部	業務継続に対して求められる事項を確認する
	被災状況，利用可能な資源等，業務継続能力を確認する
	実施する対策を決定する
	予め定められた手順に基づき業務を継続，再開する
	社内外に，自社の状況についての情報を発信する
	業務継続対応で実施した内容や発生した問題点等を記録する

出所：内閣府［2023］を参考に筆者作成

◎図表4-11　復帰対応において実施すべき事項の例◎

実施主体	実施内容
対策本部	責任者が通常業務に復帰することを決定する
	復帰手順を決定する
	復帰後，社内外に自社の状況についての情報を発信する
	復帰対応で実施した内容や発生した問題点等を記録する

出所：内閣府［2023］を参考に作成

コラム4-②　経済安全保障と業務継続管理（BCM）

　国際情勢が悪化する中，国家や社会が経済的な脅威に対して安全を維持し，持続可能な発展を確保することを目指す取組みとして経済安全保障が注目されている。

　経済安全保障には，サプライチェーンの安定，重要産業の保護，国際競争力の維持などが含まる。企業は自社の利益を追求するだけでなく，その活動を通じて経済安全保障に関与することとなる。不確実な国際情勢において，適切なBCPを策定することは，個々の企業の安全を保障するだけでなく，社会や国家の安全保障への貢献となる。

　企業がBCMとして取組む以下の対策は，経済安全保障にも影響することから，

127

BCPの策定にあたっては経済安全保障の観点からの検討も必要となる。

① サプライチェーンの強化

企業は，国際的な紛争や経済的動揺等により，サプライチェーンの断絶に直面する可能性がある。

BCPでは，経済安全保障上の事態におけるサプライチェーンの脆弱性を評価し，代替ルートや供給源を確保する手段を検討しておく必要がある。

② 情報セキュリティの確保

企業が，国際的な紛争等に巻き込まれた場合，従業員の安全確保を最優先としつつ，機密情報や知的財産を保護することも不可欠である。

BCPでは，リスクとしてサイバー攻撃や情報漏えいを含め，企業の知的財産や機密情報を守ることで，競争力維持を図る必要がある。

③ 危機対応力の向上

経済安全保障に係る緊急事態に迅速かつ適切に対応する能力は，企業の存続に直結する。

BCPを定期的に見直し，かつ，経済安全保障に係る事態を想定した訓練等により実効性を検証することで，企業の危機管理能力を強化し，経済的影響を最小限に抑えることが可能となる。

企業が，BCPを定期的に見直し，国際的な動向に対応した柔軟な計画を策定することは，国家の経済安全保障政策を支援し，安定した経済環境の確立に寄与する。これにより，企業は社会的責任を果たすと同時に，自社のリスクを軽減し，持続可能な成長が実現可能となる。

4 教育・訓練の実施

BCPが有効に機能するためには，平時における教育や訓練が不可欠である。まず，実施する訓練や演習が現実の緊急事態を想定したものであることを

確認する。シナリオは具体的で現実的なものを用い，可能な限り実際の災害時の状況を模倣する。これにより，スタッフは実際の状況に近い形での対応能力を養うことができる。

次に，すべての関係者が訓練に参加するようにする。特に，重要な意思決定を行う管理職やキーパーソンの参加を確実にする。また，訓練は定期的に実施し，新入社員や役割が変わったスタッフにも適切な訓練を提供する。

訓練や演習の際には，参加者からのフィードバックを積極的に収集し，それを基にBCPを改善する。フィードバックは具体的なものであるべきで，問題点だけでなく，うまくいった点についても評価する。

また，訓練や演習の結果は文書化し，詳細な報告書を作成する。この報告書は，今後のBCPの改善点を特定し，経営陣への報告や将来の訓練の計画に役立てる。

最後に，訓練や演習は業務に影響を与えないように計画する。実施する日時や方法を事前によく検討し，業務への影響を最小限に抑える。また，緊急事態が実際に発生した際には，訓練で得た知識が即座に活用できるようにする。

5 見直し・改善

BCPの有効性を維持するためには，定期的に見直しと改善を行うことが必要である。まず，定期的な評価をスケジュールし，それを厳守する。評価は，実際に発生したインシデントや変化するビジネス環境，新たな脅威やリスクに基づいて行う。

評価に際しては，BCPが定めるRTO，RLO，RPOが適切かどうかを検証する。また，計画に含まれる連絡網や緊急対応手順が現在の組織構造に合致しているか，リソースが十分に確保されているかも確認する。

見直しでは，訓練や演習の参加者から得られた意見や，訓練や演習で発見された問題点を用いて，改善を進める。さらに，関連する法規制や業界のベ

ストプラクティスに変更がないか確認し，必要に応じて計画を更新する。

計画の見直しは，組織の成長や変化にも合わせる必要がある。新しいビジネスラインの追加，組織構造の変更，新技術の導入などがあれば，それらをBCPに組み込む。また，外部環境の変化，例えば新たな自然災害のリスクや社会的な変化も考慮すべきである。

Ⅳ まとめ

企業が不測の事態において業務を継続するために，事前の計画とその継続的な改善のための仕組みが不可欠であり，監査でこれらを検証することが重要である。

業務継続管理に関する監査において重要なポイントを以下の3つにまとめる。

1 経営者の関与と方針の確認

監査においては，経営者がBCMに対する明確な方針を示し，それが組織全体に浸透しているかを確認する。具体的には，経営者がBCMに必要なリソースを提供しているか，BCMの方針が経営戦略と整合しているか，BCPが周知されているかを評価する。

2 リスクの分析と評価

リスクの特定と評価が適切に行われているかを確認する。
具体的には，リスクの洗い出し，リスクの発生可能性と影響度の評価，リス

第4章 業務継続に係る監査

クマッピングが適切かを検証する。BIAにおいて，重要業務の特定，RTO
やRPOの設定が適切であるかを評価する。

3 業務継続計画（BCP）の実効性

BCPが現実的かつ効果的であるかを確認する。具体的には，現地復旧計画
や代替計画が現実的かつ実施可能であることを検証する。また，これらの計
画に従って，定期的に訓練とテストが実施され，その結果に基づいて改善が
行われていることを確認する。

これらのポイントを重視して監査を実施することで，組織のBCMが適切
に機能しているかを評価し，必要な改善点を特定することができる。

【業務継続計画に係るチェックリスト】

カテゴリー	検証事項
1 方針の策定	・組織の目的や社会的責任を反映した業務継続に関する基本的な考え方を示す方針が策定されているか。 ・業務継続に対する基本方針は，経営者により承認され，経営者自らがコミットした（関与した）方針となっているか。 ・業務継続に対する基本方針では，地域への貢献や共生について，考慮しているか。 ・業務継続に対する基本方針は，組織員に十分周知されているか。 ・経営者は業務継続管理（BCM）を導入するための実施体制を構築しているか。 ・経営者はBCMを導入後に，BCMを維持するための運用体制に移行させているか。
2 分析・検討	・業務影響度分析（ビジネスインパクト分析）を実施し，業務の重要度を分析しているか。 ・重要な業務に対して，目標復旧時間（RTO）や目標復旧レベル（RLO），目標復旧ポイント（RPO）を設定しているか。 ・設定されたRTO，RLO，RPOはITインフラ，業務アプリなどシステムの構成要素に対して実現可能なものとなっているか。 ・自然災害や，サイバー攻撃，パンデミック等，業務の中断を引き起こす可能性がある発生事象を洗い出ししているか。 ・洗い出された発生事象について，発生確率と重要業務に対する影響度を評価しているか。 ・評価結果を踏まえ，早期に対応すべき発生事象に優先順位を付けているか。
3 業務継続計画（BCP）の検討と決定	・BCPを具体化するにあたり，初動対応から，業務継続対応，復帰対応と続く一連のプロセスを定義しているか。 ・BCPの初動対応を検討するにあたり，対策本部の立ち上げ，従業員の安全確保について考慮しているか。 ・対策本部などの緊急時対応体制について，対策本部の設置場所や設備，スタッフ等，必要な経営資源を確保しているか。

131

3 業務継続計画(BCP)の検討と決定	・従業員の安否確認，BCM要員確保のための連絡網を確立しているか。 ・警察や消防，監督官庁，取引先や顧客などと事態報告，復旧状況などについての連絡を取り合う体制を構築しているか。 ・平常時に，組織の事業継続能力について情報発信することにより，利害関係者との信頼関係構築に努めているか。 ・BCPの業務継続対応を検討するにあたり，対策本部が実施する対策，社内外への情報発信について考慮しているか。 ・BCPの復帰対応を検討するにあたり，復帰の判断基準，復帰手順について考慮しているか。 ・復帰対応に要するハードやソフト等のシステム資源をベンダーなど外部事業者から調達しているか（もしくは緊急時の調達契約を結んでおくなど）。 ・システムについて，対障害性（クラスタリング，ホットスタンバイ，ハードディスクのRAID構成など），バックアップの取得・遠隔地保管などといった復旧しやすい構成・運用となっているか。 ・ネットワークについて，物理ケーブルの二重化，ネットワーク機材の代替ルート自動選定機能，ルータ間の複数パス設定などといった復旧しやすい構成・運用となっているか。 ・業務の重要性に応じて，災害復旧までのバックアップサイトを整備しているか。
4 教育・訓練の実施	・定期的に教育，訓練を実施し，BCPが有効に機能することを確認しているか。 ・訓練や演習を実施する際は，現実的かつ具体的なシナリオを用いているか。 ・訓練や演習に際して，参加者からのフィードバックを収集し，BCPの改善に役立てているか。
5 見直し・改善	・定期的にBCPを評価し，見直すことを計画しているか。 ・BCPの評価に際しては，環境変化や過去の訓練結果に則してRTO，RLO，RPOの適切性を検証しているか。 ・BCPの評価に際しては，連絡網や緊急対応手順を現在の組織構造に合致することを確認しているか。 ・BCPの評価に際しては，関連する法規制や業界のベストプラクティスを参照しているか。

参考文献

一般財団法人日本規格協会［2013a］「JIS Q 22300:2013（ISO 22300:2012）社会セキュリティ―用語」。

一般財団法人日本規格協会［2013b］「JIS Q 22320:2013（ISO 22320:2011）社会セキュリティ―緊急事態管理―危機対応に関する要求事項」。

一般財団法人日本規格協会［2020］「JIS Q 22301:2020（ISO 22301:2019）社会セキュリティ―事業継続マネジメントシステム―要求事項」。

一般財団法人日本規格協会［2021］「JIS Q 22313:2021（ISO 22313:2014）社会セキュリティ―事業継続マネジメントシステム―JISQ22301使用の手引」。

一般社団法人日本内部監査協会編［2015］『IT監査とIT統制（改訂版）―基礎からネットワーク・クラウド・ビッグデータまで―』同文舘出版。

経済産業省［2023a］「システム監査基準」。

経済産業省［2023b］「システム管理基準」。

経済産業省［2024a］「経済安全保障に関する産業・技術基盤強化アクションプラン改訂版」。

経済産業省［2024b］「経済安全保障上の課題への対応（民間ベストプラクティス集）第1.2版」
（10月1日時点版）。

特定非営利活動法人日本システム監査人協会［2023a］「システム監査基準ガイドライン」（8
月10日）。

特定非営利活動法人日本システム監査人協会［2023b］「システム管理基準ガイドライン」（8
月10日）。

内閣府防災担当［2007］「事業継続ガイドライン 第一版―わが国企業の減災と災害対応の向
上のために―解説書」。

内閣府防災担当［2023］「事業継続ガイドライン―あらゆる危機的事象を乗り越えるための戦
略と対応―」。（3月）

第 **5** 章

内部統制報告制度に係る
IT統制と監査

　本章では内部統制報告制度におけるIT統制を対象として，その評価
と監査について述べる。まず，内部統制報告制度を説明し，基準およ
び実施基準のIT統制に関する全体像を説明する。IT統制に関して，IT
全社的統制，IT全般統制，IT業務処理統制を中心に説明する。

　また，実務におけるIT統制の評価及び監査の勘所として，内部監査
人におけるIT統制への関与，外部監査人（公認会計士等）との対応で
も重要となるIT統制における不備への考え方等について説明する。最
後にリスクコントロールマトリクス（RCM）の様式やチェックリス
トを示す。

Ⅰ　内部統制報告制度の全体像と改正の背景
Ⅱ　IT統制の理解と評価
Ⅲ　実務におけるIT統制の評価及び監査の勘所
Ⅳ　まとめ

Ⅰ 内部統制報告制度の全体像と改正の背景

1 内部統制報告制度の概要

　内部統制報告制度は，金融商品取引法により2008年4月1日以後開始する事業年度から適用されており，上場会社等を対象に財務報告に係る内部統制の「評価」と「監査」を義務付けているものである。また，併せて，有価証券報告書等の適正性について，経営者の確認を義務付けており，確認書制度と呼んでいる。

　米国では，2002年，企業改革法（サーベンス・オクスリー法：以下，SOX法）により，財務報告に係る内部統制について，経営者による評価と公認会計士による監査を義務付けている。日本の内部統制報告制度は，SOX法を参考として制定されたため，日本版SOX法あるいはJ-SOXとも呼ばれている。

　背景としては会計不正の問題があり，ディスクロージャーの信頼性を確保するための内部統制が有効でなかったのではないかという問題が提起されたことによる。開示企業における内部統制の充実は，開示企業に業務の適正化や効率化等を通じた様々な利益をもたらすと同時に，ディスクロージャーの全体の信頼性，ひいては証券市場に対する内外の信認を高めるものであり，開示企業を含めたすべての市場参加者に多大な利益をもたらすと考えられ，内部統制報告制度が創設された。

　内部統制報告制度では，経営者による内部統制の有効性の評価が実施され，この評価結果が「内部統制報告書」として作成され，監査人が評価結果について監査（内部統制監査）を実施し，「内部統制監査報告書」を作成する。

内部統制報告書は有価証券報告書と併せて提出されるため，EDINETでも閲覧できる。また，内部統制監査報告書は内部統制監査が財務諸表の監査と一体となって行われることから，「独立監査人の監査報告書及び内部統制監査報告書」として作成され，EDINETで閲覧できる。

2 基準及び実施基準の改訂（2023年）の背景

　内部統制報告制度に関連して，金融商品取引法，金融商品取引法施行令，財務計算に関する書類その他の情報の適正性を確保するための体制に関する内閣府令（以下，内部統制府令）などの法令等がある。企業会計審議会により公表された財務報告に係る内部統制の評価及び監査に関する基準が，一般に公正妥当と認められる財務報告に係る内部統制の監査に関する基準に該当する（内部統制府令1条）としていることから，「財務報告に係る内部統制の評価及び監査の基準」（2023年4月7日改訂，以下，基準）と「財務報告に係る内部統制の評価及び監査に関する実施基準」（2023年4月7日改訂，以下，実施基準）が実務におけるルールとなっている。

　基準及び実施基準（以下，基準等）は，2023年4月に改訂が行われている。背景としては，内部統制報告制度の効果を評価する反面，経営者による内部統制の評価範囲の外で開示すべき重要な不備が明らかになる事例や内部統制の有効性の評価が訂正される際に十分な理由の開示がないことが，企業会計審議会「財務報告に係る内部統制の評価及び監査の基準並びに財務報告に係る内部統制の評価及び監査に関する実施基準の改訂について（意見書）」（2023年4月7日）の経緯において挙げられている。

　図表5-1は企業会計審議会第22回内部統制部会の資料（2022年10月13日）を引用したものである。2021年7月〜2022年6月に提出された内部統制報告書から開示すべき重要な不備の原因，すなわち内部統制が有効でなかった事例の原因をまとめたものであるが，「内部監査」という言葉が2回出ていることに注目してもらいたい。本章はITに注目しているが，内部監査に関し

137

◎図表5-1　開示すべき重要な不備の原因◎

提出会社における開示すべき重要な不備の主な原因		者数
①	コンプライアンス意識の欠如	19件
②	内部監査等のモニタリングの体制不備又は不十分な実施	15件
③	役員への権限集中等による牽制機能の無効化	15件
④	子会社等管理体制の不備	13件
⑤	その他上記以外の不備の原因	30件
子会社における開示すべき重要な不備の主な原因		**者数**
①	コンプライアンス意識の欠如	8件
②	役員への権限集中等による牽制機能の無効化	5件
③	内部監査等のモニタリングの体制不備又は不十分な実施	3件
④	その他上記以外の不備の原因	8件

出所：企業会計審議会［2022］1，6頁

ても，取締役会及び監査役等への報告経路を確保（デュアルレポーティング）すること等の改訂がなされている。

　ITに関する改訂であるが，大量の情報を扱う状況等において，情報の信頼性の確保におけるシステムが有効に機能することの重要性の記載が行われている。また，ITの委託業務に係る統制の重要性が増していること，サイバーリスクの高まり等を踏まえた情報システムに係るセキュリティの確保が重要であることも記載されている。さらに，ITを利用した内部統制の評価について留意すべき事項が記載されている。ITの重要性の高まりとともに，クラウド等の利用や開発における外部委託利用の増加など時代の変化を反映した改訂ということができるだろう。

3　基準等の全体像とIT統制の位置付け

（1）基準等の全体像と内部統制の定義

　基準等の構成であるが，「Ⅰ．内部統制の基本的枠組み」，「Ⅱ．財務報告に係る内部統制の評価及び報告」，「Ⅲ．財務報告に係る内部統制の監査」と

なっている。Ⅰでは，内部統制の定義及び概念的な枠組みを示しており，Ⅱでは経営者による内部統制の評価についての考え方を示している。そして，Ⅲでは公認会計士等による監査についての考え方が示されている。

基準における内部統制の定義は，下記となっている（下線は筆者）。

「内部統制とは，基本的に，業務の有効性及び効率性，報告の信頼性，事業活動に関わる法令等の遵守並びに資産の保全の４つの目的が達成されているとの合理的な保証を得るために，業務に組み込まれ，組織内の全ての者によって遂行されるプロセスをいい，統制環境，リスクの評価と対応，統制活動，情報と伝達，モニタリング（監視活動）及びIT（情報技術）への対応の６つの基本的要素から構成される。」

（2）ITへの対応

内部統制の定義を（1）において述べたが，米国のトレッドウェイ委員会支援組織委員会（Committee of Sponsoring Organizations of the Treadway Commission: COSO）の内部統制の基本的枠組みに関する報告書と異なり，基準では，基本的要素として，「IT（情報技術）への対応」（以下，ITへの対応）を独立して記載しており，IT統制を意識している。

基準におけるITへの対応の定義は，以下となっている（下線は筆者）。

「ITへの対応とは，組織目標を達成するために予め適切な方針及び手続を定め，それを踏まえて，業務の実施において組織の内外のITに対し適時かつ適切に対応することをいう。」

下線の「適時」は，2023年の改訂で加えられた言葉であるが，ITへの対応の適時性は重要であることを意識してほしい。最近はDXという言葉がよく使われるが，内部統制は守りだけではなく攻めも意識する必要があり，企業全体を理解する立場にある内部監査人は，生成AI等も含めたITに対して積極的に対応していくことが重要と考えられる。

基準等では，ITへの対応を，「IT環境への対応」と，「ITの利用及び統制」

139

としているが，**図表5-2**のように大きく３つに分けると理解しやすい。図表5-2において，システム管理基準追補版の例示を記載しているが，例えば，会計システムにID・パスワードの機能がある（②の例示）から統制ではなく，経理部署のメンバーにIDを限定し，さらに職階に基づく権限を設定し，入力した仕訳の承認は上長しかできないなどのID・パスワードの管理をする（③の例示）ことが統制であることに留意してほしい。③のITの統制を，本章では「IT統制」（狭義）と呼んでいる。

◎図表5-2　ITへの対応◎

①IT環境への対応	社内外のITの活用状況の考慮
②ITの利用	財務情報の信頼性に係る内部統制の実現におけるITの利用 （例：アクセス制御機能による財務情報へのアクセス制限）
③ITの統制	ITを利用した情報システムに対する内部統制 （例：アクセス制御機能による財務情報へのアクセス制限を有効に機能させるためのID，パスワードの管理）

出所：経済産業省［2024］第Ⅰ章２頁

（3）IT統制の全体像

　実施基準では，ITの統制として「ITに係る全般統制」（以下，IT全般統制）と「ITに係る業務処理統制」（以下，IT業務処理統制）として示している。ITに直接係る部分としては，実施基準の記載のとおりであるが，それ以外としての統制も必要となる。このため，実施基準の「全社的な内部統制」におけるITへの対応に着目し，「IT統制」（狭義）に「IT全社的統制」を加えて，本章での「IT統制」（広義）では，**図表5-3**のように３つに区分をしている。なお，本章では「IT統制」（広義）を「IT統制」として記載する。

　IT全社的統制については，第Ⅱ節で詳細を述べるが，例えば，経営者（含む取締役会）がITに関する基本戦略を策定し，基本戦略を前提とした毎年のITに関する予算を割り当てすることを考えてほしい。これは直接的なITの統制ではないが，機能しているケースと機能していないケースを考えると，

第5章 | 内部統制報告制度に係るIT統制と監査

その必要性は明確になるだろう。

◎図表5-3　IT統制の３つの概念◎

IT全社的統制	企業の統制が全体として有効に機能する環境を保証するためのITに関連する方針と手続等，情報システムを含む内部統制。 連結グループ全体としての統制を前提とするが，各社，事業拠点ごとの全体的な内部統制をさす場合もある。
IT全般統制	業務処理統制が有効に機能する環境を保証するための統制活動を意味しており，通常，複数の業務処理に関係する方針と手続のうち，IT基盤を単位として構築する内部統制。
IT業務処理統制	業務を管理するシステムにおいて，承認された業務が全て正確に処理，記録されることを担保するために業務プロセスに組み込まれたITに係る内部統制。

出所：経済産業省［2024］第Ⅰ章３頁

　IT統制の３つの概念に関して，具体的には第Ⅱ節で詳細に述べていくが，財務報告とIT統制との関係から理解するために，**図表5-4**で説明する。財務報告，すなわち財務諸表及び財務諸表の信頼性に重要な影響を及ぼす開示事項等に係る外部報告であるが，ここでは連結財務諸表を考えてみたい。

　連結財務諸表は通常は会計システムというIT（アプリケーション・システム）から作成される。また，会計システムの情報は，例えば売上であれば販売管理システムというアプリケーション・システムに基づいてその情報が反映される。

　具体的な例に基づいて説明しよう。営業の現場において，アプリケーション・システムを利用する際に，入力ミスによる誤りや不正行為を防ぐために，受注であれば得意先マスターに登録されていない会社は受注入力できない，上長の承認入力がないと受注入力できない等の統制（受注プロセスに係る内部統制）を行う。ITに関連する部分が**図表5-4**の業務プロセスに係るIT業務処理統制である。

　しかしながら，現場での統制が有効に機能していても，情報システム部がアプリケーション・システムの保守を実施しており，管理上の強い権限を保

141

有していると,データを直接に痕跡なく修正することが可能となる場合がある。このように,現場での統制に加えて,情報システム部などIT基盤に関する統制が図表5-4のIT全般統制である。

さらに,直接的なITの統制ではないが,全社的統制がITに関しても必要であり,これがIT全社的統制となる。

◎図表5-4　財務報告とIT統制との関係◎

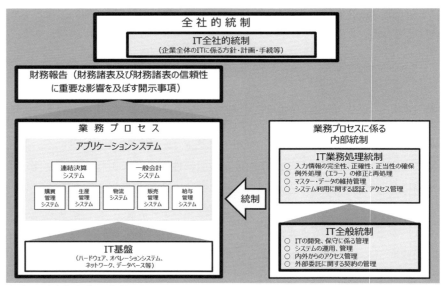

出所:経済産業省［2024］第Ⅱ章12頁

経営者は,財務報告に係る内部統制の有効性を評価するが,IT統制を対象とすると図表5-5の流れをとることになる。詳細は第Ⅱ節および第Ⅲ節で触れるが,財務報告を構成する財務情報との関連でリスクを評価することが重要となる。⑥として外部監査人（公認会計士等）との協議を記載しているが,IT統制の評価においては,早期に監査人との協議を行うことが望ましい。

特に,業務プロセスに係る内部統制としてIT全般統制を検討する際,IT

業務処理統制の土台となるため，開示すべき重要な不備と判断されると全体的な影響は大きくなってしまう。また，アプリケーション・システムの改修が必要になると，通常は時間がかかるため，この点を留意する必要がある。

◎図表5-5　IT統制の評価のロードマップ◎

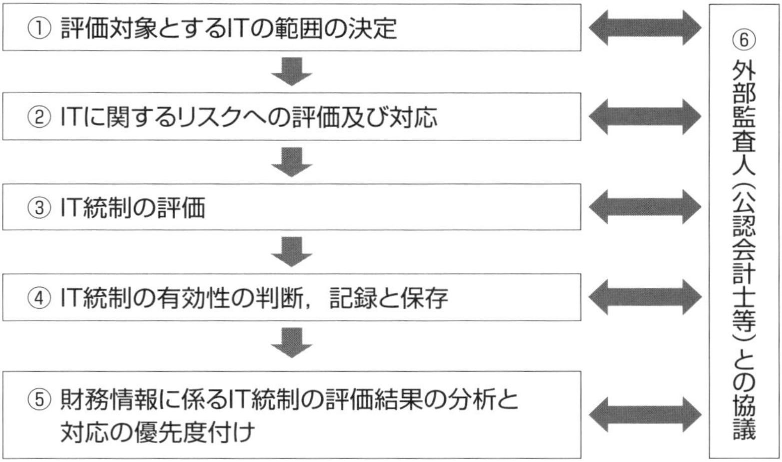

① 評価対象とするITの範囲の決定

② ITに関するリスクへの評価及び対応

③ IT統制の評価

④ IT統制の有効性の判断，記録と保存

⑤ 財務情報に係るIT統制の評価結果の分析と対応の優先度付け

⑥ 外部監査人（公認会計士等）との協議

出所：経済産業省［2024］第Ⅲ章24頁

4 リファレンス

内部統制報告制度に関するリファレンスについて，どのようなものがあるかについて主なものを触れておきたい。

（1）金融庁（法律関係は記載していない）

・「財務報告に係る内部統制の評価及び監査の基準」（2023年4月7日改訂）
・「財務報告に係る内部統制の評価及び監査に関する実施基準」（2023年4月7日改訂）

・「内部統制報告制度に関するQ＆A」（2023年8月31日改訂）
・「内部統制報告制度に関する事例集」（2023年8月改訂）

　基準等が中心であるが，「内部統制報告制度に関する事例集」はサブタイトルに「中堅・中小上場企業等における効率的な内部統制報告実務に向けて」としており，内部統制報告制度に関するQ＆Aとともに実務への適用を意識しており，参考となる。

（2）日本公認会計士協会
・財務報告内部統制監査基準報告書第1号「財務報告に係る内部統制の監査」
　（2024年9月26日改正）

（3）経済産業省
・「システム管理基準　追補版」（2024年12月25日改訂）

　なお，「システム管理基準　追補版」は，内部統制報告制度におけるIT統制を対象として，「システム管理基準」（2023年4月26日改訂）を参考として作成されているものである。強制力がない反面，IT統制における参考となる様式やサンプル数の考え方など具体的に記載されており，実務の参考となる。

第5章 | 内部統制報告制度に係るIT統制と監査

IT統制の理解と評価

1 ITの概括的理解

　IT統制の評価の前に，財務報告の観点からITの全体像すなわちITの概括的理解が必要である。これは図表5-5における「①評価対象とするITの範囲の決定」の段階で必要となるものである。連結グループ全体を対象に，財務情報に係るアプリケーション・システムと，それに関係するIT基盤の概要について把握する。

　ITの概括的理解のための情報として，例えば，**図表5-6**のような情報を入手することが考えられる。実施基準では，下記をIT基盤の把握として例示しているが，図表5-6のように具体的に記載すると理解しやすいだろう。
・ITに関与する組織の構成
・ITに関する規程，手順書等
・ハードウェアの構成
・基本ソフトウェアの構成
・ネットワークの構成
・外部委託の状況

　ITの概括的理解により，財務報告を構成する財務情報とITとの関連が明らかになるとともに，どこにリスクがあり，そのための統制を大きくつかむことができる。特に，評価対象とすべきITが対象とすべき範囲から漏れてしまうことを防ぐ役割もあり，会計監査でもIT評価ではITの概括的理解（IT環境の理解）が求められている。なお，この情報を作成しておくことにより，

145

評価範囲決定の根拠が明確となり，外部監査人（公認会計士等）との意識合わせも実施しやすくなると考える。

◎図表5-6　IT概括的理解の例示◎

1	（財務報告に関連する）アプリケーション・システムの状況	
	ITアプリケーション・システム（例：販売管理システム）	
	関連する業務プロセス（例：販売管理プロセス）	
	発生する勘定科目・注記情報（例：売上高，売掛金）	
	開発形態（パッケージ，自社開発，外部委託等）	
	稼動時期	
	直近1年間での重要な開発・変更，重要な障害	
	オペレーティングシステム（製品名，バージョン）	
	開発・変更，運用，ユーザID（セキュリティ）管理の担当部署（含む外部委託先）	
	システムオーナー（システムの所管部署，利用部署）	
	他システムとの連係データ（例：会計システムへの売上仕訳計上用データ）	
	バックアップ（タイミング，世代管理，媒体保管場所，管理ツール）	
2	全社的なIT環境	
	情報システム管理組織（情報システム管理部門名，人数，担当役員，外部委託状況等）と関連規程	
	IT投資計画（中長期計画，年間計画（含むIT予算）の状況や承認手続等）	
	財務会計に関連する周辺ツール（スプレッドシートなどEUC（エンドユーザコンピューティング）やRPA（ロボテックプロセスオートメーション）の利用状況，電子帳簿保存法への対応状況等）（例：原価計算をエクセルマクロで作成したプログラムで実施）	
	過年度におけるIT統制の不備とその改善状況	
3	ネットワークとセキュリティの概要	
	ファイアウォールの設置状況	
	アンチウイルスソフトの導入状況（含む，バージョンアップ対応）	
	サイバーセキュリティ対策（対策方針，訓練メールなど実際の運用状況，事業継続計画の策定状況，セキュリティ教育の状況，直近1年間の重大なサイバーインシデント等）	

出所：経済産業省［2024］付録2-1を引用・修正

第5章 内部統制報告制度に係るIT統制と監査

コラム5-①　サイバーセキュリティをどのように考えるのか

　実施基準の改訂で，「サイバーリスクの高まり等を踏まえ，情報システムに係るセキュリティの確保が重要」との文言が加わり，「サイバーセキュリティ」の対応が明確に求められることになった。注意してほしい点として，3点述べておきたい。

　第一は，あくまでも財務報告に関連したものが対象だということである。関連するものをリスクとして述べると，①財務報告に関連するデータの改ざんのリスク，②財務報告に関連したシステムやデータが利用できなくなり開示が不可もしくは遅れるというリスクが挙げられる。特に，②は可用性（情報が必要とされるときに利用可能であること）を意識する必要性がある。

　第二は，絶対の対策はなく，サイバー保険など地震と同様に，リスクの移転など業務プロセスによる統制のみでは限界があるということである。IT全般統制も重要ではあるが，IT全社的統制がより重要となる。これは，サイバーセキュリティのリスクを適切に評価して，予算や人員を含めて対応していくことは経営者の責任であるからである。

　第三は，すでにいくつかの事件（サイバーセキュリティ・インシデント）として発生しているが，自社もしくは自社グループ内でとどまらず，業務委託先からのサイバー攻撃など自社の統制の範囲外におけるサイバーセキュリティリスクの可能性があるということである。

　堀江正之教授は，「インフルエンザ対策のように，感染しないだけでなく他者に「感染させない」といった，「外部統制」」という視点が必要ではないかと述べられている（堀江［2023］16頁）。

　サイバーセキュリティは残念ながらこれをすれば絶対ということはなく，どこまで実施するかは費用対効果も含めて悩ましいのではないだろうか。それだけに，内部監査人がリスクという観点から監査を実施するとともに，適切な助言を実施することは有用と考える。また，当初は外部の専門家の利用についても検討すると良いだろう。また，第3章に詳細に記載されているため，参考にしてほしい。

2 IT全社的統制

　IT全社的統制は，図表5-3で企業の統制が全体として有効に機能する環境

147

を保証するためのITに関連する方針と手続等，情報システムを含む内部統制と説明した。実施基準では，財務報告に係る全社的な内部統制（全社的統制）に関する評価項目の例が示されており，ITへの対応は**図表5-7**の5項目が記載されている。あくまでも例示であり，5項目さえ実施すれば完了ではないことに留意してほしい。

　なぜなら全社的統制における，ITへの対応は本来，独立したものではなく，統制環境，リスクの評価と対応，統制活動，情報と伝達，モニタリングに包含されているものであるからである。これは，例えば，実施基準の情報と伝達の評価項目の例示に，「・会計及び財務に関する情報が，関連する業務プロセスから適切に情報システムに伝達され，適切に利用可能となるような体制が整備されているか。」があることからもわかるであろう。また，評価が必要であることから，整備・運用状況に対する証拠資料として何があるかについて十分検討する必要がある。

　「システム管理基準追補版」では，図表5-7以外についても多くの記載があるとともに，どのようなリスクが考えられるかについても例示として記載されている。そして，リスクに対する統制の例，統制評価手続の例も記載されており，リスクとの対応で統制及び評価に関して検討することが可能となる。また，様式の例示もあり，この点は第Ⅲ節において述べていきたい。

◎**図表5-7　実施基準における「ITへの対応」における評価項目例**◎

・経営者は，ITに関する適切な戦略，計画等を定めているか。
・経営者は，内部統制を整備する際に，IT環境を適切に理解し，これを踏まえた方針を明確に示しているか。
・経営者は，信頼性のある財務報告の作成という目的の達成に対するリスクを低減するため，手作業及びITを用いた統制の利用領域について，適切に判断しているか。
・ITを用いて統制活動を整備する際には，ITを利用することにより生じる新たなリスクが考慮されているか。
・経営者は，ITに係る全般統制及びITに係る業務処理統制についての方針及び手続を適切に定めているか。

出所：企業会計審議会［2023］98頁

第5章 | 内部統制報告制度に係るIT統制と監査

3 IT全般統制

　IT全般統制は，図表5-3で業務処理統制が有効に機能する環境を保証するための統制活動を意味しており，通常，複数の業務処理に関係する方針と手続のうち，IT基盤を単位として構築する内部統制と説明した。勘違いされやすいが，IT全般統制も業務プロセスに係る内部統制である。このため，例えば，連結グループの主要子会社の各社に情報システム部があり，システムの開発・運用が各社独自の方法で実施している場合は，IT全般統制の評価は，1つではなく，異なる統制に応じて複数を評価する必要が生じることになると考えられる。

　実施基準では，IT全般統制の評価における例示として，①システムの開発，保守，②システムの運用・管理，③内外からのアクセス管理等のシステムの安全性の確保，④外部委託に関する契約の管理という分類をしている[1]。これはあくまでも例示であり，③のアクセス管理は実務であればシステム運用の中で考えるであろう。あくまでも主要項目の例示ではあるが，章末（Ⅳ）のチェックリストで具体的に記載しているため，参考にしていただきたい。

4 IT業務処理統制

　IT業務処理統制は，図表5-3で業務を管理するシステムにおいて，承認された業務がすべて正確に処理，記録されることを担保するために業務プロセスに組み込まれたITに係る内部統制と説明した。**図表5-8**は，例えば会計システムに仕訳としてデータエントリされる売上などの勘定科目は，売上プロセスという業務プロセスから発生し，売上プロセスにおけるシステムとして，販売管理システムが利用されていることが示されている。IT業務処理統制は販売管理システムなどのシステムにおける統制であるが，アプリケーション・システムに組み込まれた統制活動（自動化された統制活動）のみならず，

149

手作業とITが一体となって機能する統制活動（ITによる情報を使用した統制活動）も対象となるという点は注意が必要である。

図表5-8で入金プロセスがあるが，金融機関等から入手した預金やクレジットカードなどのデータを売掛金管理システムが自動でマッチングするのは自動化された統制活動であり，その結果として年齢調べ表を帳票としてシステムから出力し，人手でその内容をチェックするのがITによる情報を使用した統制活動である。IT全般統制が有効であると評価できると，自動化された統制活動に関しては，通常，運用評価におけるワンサンプリング（1件）

◎図表5-8　業務プロセスとIT業務処理統制との関連◎

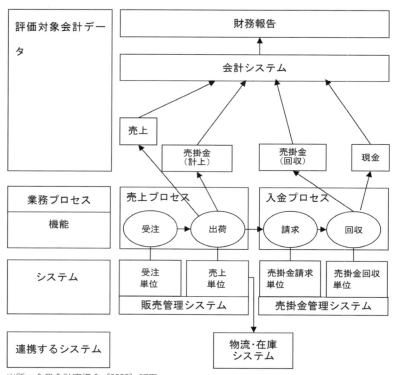

出所：企業会計審議会［2023］87頁

による評価が可能と判断できる。

　これは，IT全般統制が有効であれば，例えば，販売管理システムにおいてプログラムが勝手に改ざんすることはできないため，1件サンプル抽出して評価すれば，1年間通じて一貫して機能していると判断することができるためである。ただし，ITによる情報を使用した統制活動では手作業が入るため，手作業の際のサンプル数をベースに評価することになる。

実務におけるIT統制の評価及び監査の勘所

1 内部監査人におけるIT統制への関与

　内部監査人が内部統制報告制度におけるIT統制に関わる際に，その役割を大きく2点考えることができる。第1点は，内部統制報告制度として求められている財務報告に係る内部統制の評価担当者としての役割である。企業は財務報告に係る内部統制の有効性を自ら評価することが求められており，IT統制に関してもその整備・運用状況の評価を実施しなければならない。

　IDやパスワードによる入社・退社におけるアクセスコントロールを例に取ると，アカウントの申請，登録，削除に関する手続（規程，細則等）が存在しており，手順に従って処理されているという内部統制が通常，整備され運用されている。これを評価においては，担当者の登録，削除の手続に従って，人事発令の都度，処理されていることを確かめることになる。具体的には，入社であれば，サンプルを抽出し，ID登録の申請に基づき責任者がアクセス権を承認したか，承認されたアクセス権がシステム上において設定されたアクセス権と合致しているかを確かめることが評価の一例である。また，

退職であれば，退職のサンプルを抽出し，手続に従って，速やかにアクセス権が削除されていることを確かめることが評価の一例として挙げられる。

　内部監査人は通常業務において内部監査を実施しており，評価に必要な能力を有していると考えられる。また，内部監査人は通常は取締役会や経営者の指揮下にあり，評価の対象となる業務から独立し，客観性が担保されている。このため，内部監査人が必ずしも実施する必要はないが，評価の実施を担当するケースが生じている[2]。

　第2点は基準等におけるモニタリングのうち，独立的評価としての役割である。基準では，内部監査人について，**図表5-9**のように定義している。内部統制は，組織体の構成員による業務プロセスを，構成員自らに相互チェックさせることによって，経営者が業務プロセスを間接的に管理・監督できるようにしている。そして，構成員自身による相互チェックが有効に機能しているかどうかを，業務プロセスから独立した視点から監視する役割を内部監査が担う（蟹江［2024］12頁）。この役割は，内部統制報告制度が開始される前から内部監査に求められているものであり，内部監査の本来の姿である。

◎図表5-9　内部統制に関係する者としての内部監査人◎

　内部監査人は，内部統制の目的をより効果的に達成するために，内部統制の基本的要素の一つであるモニタリングの一環として，内部統制の整備及び運用状況を検討，評価し，必要に応じて，その改善を促す職務を担っている。

出所：企業会計審議会［2023］16頁

　2023年の実施基準の改訂において，モニタリングにおける独立的評価を意識したものを2つ挙げておきたい。1つ目は，3線モデルを例示として加えており，第3線を内部監査部門による独立的評価としている。また，2つ目として内部監査人は，取締役会及び監査役等への報告経路を確保するとともに，必要に応じて，取締役会から指示を受けたり，監査役等と連携することが適切として，コーポレートガバナンス・コードの改訂を意識している。あ

くまでも内部監査人としては正当な注意と専門的能力に基づいて客観的に監査を行うことが求められている。もし内部統制の機能に問題があれば，それを報告したり改善を図ったりする役割も期待されている（蟹江［2024］13頁）ことから，必要に応じて改善を促す，別の言葉で置き換えると，結果として内部統制が有効であるという状態に組織体を促すことは留意してほしい。

　第1点でIDやパスワードによる入社・退社におけるアクセスコントロールを例としてあげたが，検討・評価という点では同様である。しかしながら，内部監査の主な機能は，ガバナンス，リスク・マネジメント及びコントロールの各プロセスを強化すること（IIA［2024］7頁）[3]である。当然ながら，財務報告に限定されるものではなく，第1点よりも広い範囲が対象となる。このため，財務報告では通常対象とならない顧客情報などが対象となる。また，IDやパスワードでは盗まれたらなりすましでログインできてしまうため，重要な情報を扱う場合は顔や指紋などの生体認証を組み合わせることを提案する，セキュリティを統括する担当の役員の設置を求めるなど，リスク・マネジメントの観点で必要に応じて改善提案を実施することになるであろう。

　内部監査の実務において，第2点では内部監査計画からはじまり，品質管理も求められる。第1点では，内部統制報告制度として，内部統制の評価の基準に準拠して評価担当者として評価を実施するが，第2点では必ずしもこの縛りはない。独立的立場からの検証・評価という観点からも，内部監査の手法の確立などが求められることに留意する必要がある。

　サステナビリティ情報への対応など，内部監査の取り組みは多様化が求められているとともに，内部監査の重要性はますます高まってきている。第1点の制度としての内部統制の評価担当者の役割に経営者が求めるものは，有効という結論を出すことであり，これは制度としては仕方がない面がある。これに対して，第2点のモニタリングにおける独立的評価としての役割は，図表5-9のように内部統制の整備及び運用状況を検討，評価することが中心であり，有効という結論が前提ではない。内部監査人は可能な限り第2点の役割に関わることが望ましいと考える。

IT統制の観点で本章は記載しているが，基準及び実施基準で，図表5-2の
ITへの対応でも記載している「IT環境への対応」を内部監査でどの程度意
識できるかが重要となる。攻めの内部監査（吉武［2021］12頁）という言葉
が使われるが，実施基準でも「組織は，組織を取り巻くIT環境を適切に理
解し，それを踏まえて，ITの利用及び統制について適切な対応を行う必要
がある」とされている。AIの利活用とDX推進に係る内部監査が，重要にな
ると考えている。

コラム5-②　外部委託の利用における留意点

　最近は，自社でサーバールームを設けず，外部のデータセンターを利用するケー
スが多くなってきている。しかし，外部のデータセンターへの内部監査人による監
査は認められないことが多く，どのようにしてIT統制における外部委託の有効性を
評価するか悩むケースが生じるのではないだろうか。

　理想的には，日本公認会計士協会保証業務実務指針3402「受託業務に係る内部統
制の保証報告書に関する実務指針」（2023年3月16日改正）に基づく委託先の内部
統制に関する保証報告書，米国公認会計士協会の基準に基づく保証サービスであり，
いわゆるSOCレポート（SOC1，SOC2，SOC3の3タイプがある）など外部監査
人による報告書が入手できると，その報告書を検討して評価し，有効性を判断する
ことが可能となる。

　外部監査人による報告書の入手が難しい場合は，委託先からの月次運用報告書な
どの報告書を入手して評価する，質問書や可能であれば往査を実施することにより
評価することなどが考えられる。外部委託に関しても当然ながら，整備・運用状況
の評価が求められるため，実施基準の例示が「外部委託に関する契約の管理」とあ
るから，契約書があれば問題ないということは誤りとなることに留意してほしい。

2　様式（リスクコントロールマトリクス）による解説

　IT統制が有効であるかの評価が必要となるが，この際に実務で利用される

第5章 │ 内部統制報告制度に係るIT統制と監査

リスクコントロールマトリクス（RCM）の様式例（**図表5-11**）に基づき説明する。項目に記載する内容であるが，主なものは**図表5-10**のとおりである。

◎図表5-10　RCM（図表5-11）の主な項目の説明◎

・リスク　　：財務報告の虚偽リスクの具体的な内容で，自社が特に注目するリスクなど
・統制目標：ITの統制目標を意識して具体的に記載するが，リスクに対応する「システム
　　　　　　管理基準追補版」の統制目標を参考として記入することが実施しやすい。なお，
　　　　　　「システム管理基準追補版」は例示であるため，「システム管理基準」の達成
　　　　　　目標も参考にしてほしい。
・統制状況（統制活動）：該当する統制の実施状況を概説。
・統制評価手続：どのような統制評価を実施したかの手続を記入

　図表5-11の様式例（リスクコントロールマトリクス（IT全般統制）（例））のNo.1の「リスク」では「システムを開発する際に不正なプログラムが埋め込まれる，また，誤ったプログラムがリリースされる。」が記載されているが，このリスクが顕在化すると適正な財務報告が実現できなくなる。このリスクに対してどのような統制があり，統制が有効に機能しているか評価するために，整備状況として評価を実施し，有効であれば，運用状況として評価を実施する。評価においては，「文章名」として欄があるが，業務担当者以外が評価しなければならないため，この記載がなくして評価はできないことに注意が必要である。なお，文書名は紙媒体である必要はなく，電子媒体でも問題ない。

　第Ⅳ節のまとめにIT全般統制のチェックリストを載せている。どのような分類（例えば，「システムの開発，保守」）・カテゴリ（例えば，「概要設計」）に対して，どのような検証事項があるかを記載しており，RCMの作成において全体像をつかむための参考になると考える。紙面の関係で，内部監査人にとって理解しにくいといわれるIT全般統制に関して取り上げているが，「システム管理基準追補版」では，IT全般統制に加えて，IT全社的統制，IT

155

◎図表5-11　リスクコントロールマトリクス（IT全般統制）例◎

会社名	
決算期	
事業拠点	
対象システム	

作成者	
作成日	
回答者	

分類	No.	リスク	統制目標	統制状況	整備/運用	予防/発見	文書名	頻度	サンプル数	統制評価手続	評価結果	検出事項	調書番号
開発・調達管理	1	システムを開発する際に不正なプログラムが埋め込まれる、誤ったプログラムがリリースされる。	システムを開発するための標準化された方針及び手続これに基づいたプログラム、システムが開発されていること。	システム開発方針及びシステム開発規程が存在し、これに基づき、システムが開発されている。	整備	予防	システム開発方針システム開発規程	-	-	システム開発方針及びシステム開発規程を閲覧し、適時に更新されていることを確認した。	有効	なし	○○
	2	システムを開発する際にユーザの要件を満たさず、機能的にテストを検証するために十分なプログラムで適切なテストが実施されること。	統制が有効に整備・運用されていることを検証するために十分なテストが実施されること。	ユーザによる受入テストが実施され、テスト実施結果報告書が作成され、承認されている。	運用	予防	テスト実施結果報告書	随時	25	テスト実施結果報告書を閲覧し、承認者及び実施者の記録が残されていることを確認した。	有効	サンプル1件について、承認の記録が残されていなかった。※責任者の押印漏れであり、実際には、承認されていると、追加テストの説明を受けた。押印漏れは検出されず、例外的なエラーである結果、例外的なエラーであると判断した。	○○
		※以下省略											
変更保守管理													
運用管理													
アクセス管理													
委託先管理													

出所：経済産業省［2024］付録2-2

業務処理統制に関しても統制目標，リスク，統制，統制評価手続の例が記載されており，参考となるため，ぜひ確認していただきたい。

3 IT統制における不備への考え方

　IT統制に関する不備については，不備の一覧表を作成し，不備とされた統制を補完もしくは代替する統制の有無等を勘案して，問題がある場合は是正措置を講じる。期末日が評価時点であるため，期末日でも改善されない場合は，それらが開示すべき重要な不備に該当するかどうかを判断する。これが基本的な考え方であるが，IT統制の３つの概念に対応して，以下記載する。

　IT全社的統制に不備がある場合は，各業務プロセスの内部統制によって，補完される場合がある。また，対応として，当初計画した評価対象の範囲を広げて，IT全般統制とIT業務処理統制を評価することが考えられる。

　IT全般統制に不備がある場合は，IT業務処理統制の土台であり，財務報告への影響を勘案する必要がある。例えば，情報システム部のメンバーが特権IDを利用して業務システムのデータを自由に痕跡もなく修正できるのに，統制が機能していないということであれば，早急な改善が必要であり，対象となる業務システムすべてにリスクがあることになる。特に，第Ⅱ節の４で述べたように，IT全般統制が不備の場合，自動化された統制活動に関して運用評価におけるワンサンプリング（１件）が適用できなくなる可能性があり，この点も留意する必要がある。

　IT業務処理統制に不備がある場合は，財務報告への影響が直接的であることが多く，財務諸表の虚偽表示のリスクを十分に検討する必要がある。特に，自動化された統制活動に関しては，大量の誤りが繰り返して発生している可能性があるなど，IT特有のリスクが顕在化するおそれがある。

157

まとめ

　本章では，内部統制報告制度におけるIT統制について，ポイントを述べてきた。最後に，IT統制について検討する際に，留意してほしいことを2点述べたい。

　第1点は，内部統制報告制度では，あくまでも財務報告に係る内部統制（財務報告の信頼性を確保するための内部統制）が対象であるということである。例えば，システム監査において個人情報保護が適切かどうかは重要な論点であるが，内部統制報告制度では直接対象となることはない。外部監査人による会計監査でも同様だが，これは情報漏えいにより売上が減少もしくは損害に関する費用が発生すれば，正しく財務諸表に反映すれば良いということである。特に，IT全般統制については，財務報告との関連が必ずしも直接的ではないため，留意してほしい。

　第2点は，リスク・アプローチに基づいているということである。これも会計監査での考え方と同じである。リスク（重要な虚偽記載の発生するリスク）を合理的に低い水準に抑えることを求めており，ゼロにすることは求めていない。内部統制の整備・運用に関しては，費用対効果を意識しなければならない。例えば，IDとパスワードを考えてみると，入力や変更には時間がかかるため，内部統制はブレーキの側面を持つことがわかるだろう。

　リスクに対してIT統制を含めて統制が有効に機能しているか，また，1つの統制で十分ではなければ，補完的な統制も含めて検討し，リスクが許容できる範囲，すなわち合理的に低い水準になっているかを検討することが重要である。内部統制の整備・運用で，どこまでを求めるかは企業に任されているが，逆に現場での悩みとなる部分もあり，内部監査人はこの点に関して，適切な助言を実施できると考えている。

第5章 | 内部統制報告制度に係るIT統制と監査

　なお，IT統制に関するチェックリストとして，注意すべき検討ポイントを以下に記載している。検討ポイントの括弧に実務における誤りやすい点を加えているので参考にしてほしい。また，対応する資料も記載しているので，こちらも参考にしてほしい。加えて本章では，具体的なIT統制の項目までは紙面の関係で述べていないが，チェックリストとして，内部監査人にとって理解しにくいといわれるIT全般統制に関して，実施基準で求めるシステムの開発，保守などの各分野，詳細化したカテゴリ，検証事項について記載する。

　なお，すでに述べているが，「システム管理基準 追補版」ではIT全社的統制，IT全般統制，IT業務処理統制について，詳細が記載されており，実務の参考となるため，併せてご覧いただきたい。

【IT統制に関するチェックリスト（対応する参考資料）】

カテゴリー	検討ポイント （誤りやすい点）	対応する資料
ITの概括的理解：評価対象とするITの範囲	業務プロセスに対応したITを明らかにしているか（連結グループを対象としているか）	・追補版：付録2-1「IT基盤質問書」
IT全社的統制	リスクを意識して統制を明らかにしているか（単なるチェックリスト化をしていないか）	・実施基準：参考1（財務報告に係る全社的な内部統制に関する評価項目の例：ITへの対応） ・追補版：第Ⅳ章「2．IT全社的統制」 ・追補版：付録2-2「IT全社的統制（リスクコントロールマトリクス）」 ・事例集：事例4-2「全社的な内部統制に関するチェック・リスト例」
IT全般統制	業務プロセスの1つであり，IT業務処理統制と同様のサンプリングの方法を採用しているか（自動化された統制活動でなければワンサンプリングは不可）	【ITに係る全般統制（IT全般統制）のチェックリスト】 ・追補版：第Ⅳ章「3．IT全般統制」 ・追補版：付録2-2「IT全般統制（リスクコントロールマトリクス）」 ・事例集：事例4-2「（ITに係る全般統制に関するチェック・リスト例」
	過年度の評価結果の利用においては，前年度が有効である，今年度に重要な変更がないなど一定の条件が満たされなければ適用できないことを認識し，確かめているか（IT業務処理統制における自動化された統制活動の土台となるため，前提条件が満たされないとワンサンプリングが適用できなくなることに留意）	

159

IT業務処理統制	自動化された統制活動，ITによる情報を使用した統制活動（人手による入力の確認作業など）を区分しているか（サンプル数が異なるため）	・追補版：第Ⅳ章「４．IT業務処理統制」 ・追補版：付録2-2「業務処理統制（リスクコントロールマトリクス）」 ・実施基準：参考2（業務の流れ図（例），業務記述書（例），リスクと統制の対応（例））
	業務処理統制（リスクコントロールマトリクス）では手作業も対象であることを認識し，確かめているか（IT，IT＋手作業，手作業が業務処理統制の対象となる）	
	評価要件（アサーション）が適切であるか（評価対象となる業務プロセスに関してRCMを作成する際，例えば実在性を確保する統制活動が通常存在している。もし，統制活動であるアサーションに１つも丸（○）が付かなければ，本当に適切であるか検討する必要がある）	

出所：筆者作成
実施基準：「財務報告に係る内部統制の評価及び監査に関する実施基準」
事例集：「内部統制報告制度に関する事例集」
追補版：「システム管理基準追補版」

【ITに係る全般統制（IT全般統制）のチェックリスト』

カテゴリー		検証事項
システムの開発，保守	概要設計	・実現すべき業務要件を明記したシステム概要設計書を作成し，経営者・管理者の承認を得ているか。
	アプリケーション統制と監査対応	・システム機能要件を検討する際に，財務報告目的内部統制のためのアプリケーション・コントロール組込みや，監査対応のための要件について検討を行い，要件定義書等を作成し，経営者・管理者の承認を得ているか。なお，要件定義等において，情報セキュリティ（含む，サイバーセキュリティ）対応をしていることに留意する。
	変更手順と手続	・システムの変更手順や変更手続が規定されており，システム変更はこれらに準拠して実施され，所定の文書が作成されているか。
	緊急変更手続	・緊急のシステム変更に関する手続が定められており，事後を含め所定の文書が作成され，管理者の承認を得ているか。
	変更状況の追跡および報告	・ソースプログラム等の変更履歴を記録する仕組みが導入されており，必要な際に変更状況の確認が可能な状態となっているか。
	テスト環境およびテストの実施	・テスト計画に基づいてテストを実施しているか。テスト結果は所定の文書が作成され，管理者に報告し，承認を受けているか。
	データ移行	・アプリケーション・システムの切り替えを行う際には，データ移行計画書を策定し，システムオーナー部門等の承認を受けているか。 ・データ移行結果の記録は，システムオーナー部門等に報告され，検証されているか。
	最終検収テスト	・経営者，ユーザ部門および情報システム部門の管理者は，テスト結果記録を評価し，承認しているか。

	本番移行	・変更されたシステムを本番移行する際には，所定の文書が作成され，システムオーナー部門の承認を得ているか。 ・本番移行手続を実施する担当者は，プログラム開発者と適切に職務分掌されているか，職務権限表や開発・移行における記録等の文書が作成されているか。
システムの運用・管理	障害の追跡および報告	・障害の管理責任部門は，規定された障害対応手順，変更管理手続等に従って，障害対応を行い，障害管理表を作成しているか。
	障害完了の管理	・識別された障害について，対応が完了したことを変更管理文書等により確認する。案件単位でステータス管理が行われており，完了確認済みの案件については，完了処理を行っているか。
	運用手順および指示	・システム運用手続が定められ，これに基づいてバッチ処理の実行，処理結果の確認，オンライン・システムの監視，ネットワークの監視，システム・ソフトウェアやハードウェアの監視と保守が実施され，所定の文書が作成されているか。
	ジョブ管理	・ジョブ・スケジュールの登録・変更はユーザ部門の依頼に基づいてスケジューリングされ，所定の文書が作成され，ユーザ部門の管理者，開発部門の管理者，運用管理者が承認しているか。 ・臨時ジョブは，ユーザ部門の管理者，運用管理者の承認を得た依頼書に基づき実施されているか。 ・ジョブの実行結果およびオペレーションの実施結果がジョブ・スケジュールや指示書どおりであることを，運用管理者が確認しているか。 ・データの強制変更手続が定められており，実際に変更を行う場合は事前に影響調査が行われるとともに，所定の文書が作成され変更結果が適切であることを確認しているか。所定の文書が作成されているか。
内外からのアクセス管理などのシステムの安全性の確保	ユーザ認証と権限付与	・システム（OSやDBMS，アプリケーションなど各階層を含む）へのアクセスは，認証メカニズム（ユーザID／パスワード等）により制限されており，セキュリティに関する規程など所定の文書が作成されているか。 ・ユーザのアクセス権限（プロファイル，グループ，ロール等）が，職務権限に応じ設定されているか。職務権限表等が作成されているか。
	ユーザアカウントの管理	・ユーザにアクセス権限を付与するための手続が規定されており，適切な管理者の承認により権限が付与されているか。関連する規程や所定の文書が作成されているか（もしくは画面でのスクリーンショット等で作成可能となっているか）。 ・退職者や異動者のアクセス権限は，規定された手続に従って，適時に休止，変更，または削除されているか。人事情報や管理画面での確認など所定の文書が作成されているか（もしくは画面でのスクリーンショット等で作成可能となっているか）。 ・OS上の特別な権限のあるアカウント（root，administrator等）は，規定された手続に従って，承認された特定の管理者のみに付与されているか。所定の文書が作成されているか（もしくは画面でのスクリーンショット等で作成可能となっているか）。 ・データベースへの直接アクセス（ODBC等を経由したデータの挿入，変更，消去等）が可能なDBMS上の特権アカウントは，規定された手続に従って，承認された特定の管理者のみに付与されているか。所定の文書が作成されているか（もしくは画面でのスクリーンショット等で作成可能となっているか）。 ・アカウント作成等が可能な特別な権限のあるアプリケーション上のアカウントは，規定された手続に従って，承認された特定の管理者のみに付与されているか。所定の文書が作成されているか（もしくは画面でのスクリーンショット等で作成可能となっているか）。 ・定期的にユーザアカウントやアクセス権限付与状況の見直しが行われているか。権限付与状況に関する所定の文書が作成されているか（もしくは画面でのスクリーンショット等で作成可能となっているか）。

	バックアップとリストア	・データとプログラムのバックアップ計画（含む，サイバーセキュリティ対応）を策定し，定期的にバックアップを取得しているか。バックアップ実施に関する所定の文書が作成されているか（もしくは画面でのスクリーンショット等で作成可能となっているか）。
外部委託に関する契約の管理	サービス提供会社の選定と管理	・委託に関する規程等で業務委託契約の管理責任者が明確になっており，契約書・サービスレベル合意書（SLA）等により実施するサービスが明示されているか。稟議書等で利用部門も関与して委託先やサービスレベルの検討がなされているか。
	提供されるサービスレベルのモニタリング	・経営者・管理者は，外部委託先が提供するサービスが，業務ニーズを満たしているか，（SLAを含む）契約を順守しているか，競合他社と比較して優位性があるかについて，月次報告書や委託先の内部統制に関する保証報告書（いわゆるSOCレポート）等による定期的なモニタリングを行う。問題がある場合には対策を講じているか。

出所：小池［2018］pp.234-235を引用・修正

参考文献

一般社団法人日本内部監査協会編［2018］『内部監査人のためのIT監査とITガバナンス』。

蟹江章［2024］「内部監査の基礎概念」『内部監査の理論と実践』税務経理協会。

企業会計審議会［2022］企業会計審議会第22回内部統制部会事務局資料（10月13日）。

企業会計審議会［2023］「財務報告に係る内部統制の評価及び監査の基準並びに財務報告に係る内部統制の評価及び監査に関する実施基準の改訂について（意見書）」（4月7日改訂）。

経済産業省［2024］「システム管理基準追補版」（12月25日改訂）。

小池聖一・パウロ［2018］「内部統制報告制度におけるIT統制と内部監査」一般社団法人日本内部監査協会編『内部監査人のためのIT監査とITガバナンス』，pp.234-235

堀江正之［2023］「改訂内部統制基準と内部監査に期待される役割」『月刊監査研究』第601号。

吉武一［2021］『ロジカル内部監査』同文舘出版。

The Internal Auditors［2024］Complete Global Internal Audit Standards（https://www.theiia.org/en/standards/2024-standards/global-internal-audit-standards/free-documents/complete-global-internal-audit-standards/）（5月7日）.

第5章 内部統制報告制度に係るIT統制と監査

注

1 パッケージソフトウェアの機能を変更せずに利用している場合，不正なプログラム開発が行われているリスク等を回避していると評価できる。このため，一般的には①，さらに状況によっては②および④のリスクは限定され，③のリスクの検討に重点が置かれることになる。

2 内部統制担当部署（J-SOX事務局，内部統制室など）や経営企画室などで評価を実施していたり，外部委託により外部の専門家による評価が，内部監査の部署以外の場合で実施されている。

3 なお，パーパス・ステートメントでは，「内部監査は，取締役会及び経営管理者に，独立にして，リスク・ベースで，かつ客観的なアシュアランス，助言，インサイト及びフォーサイトを提供することによって，組織体が価値を創造，保全，維持する能力を高める。」としている。

163

第 **6** 章

DX推進，
AI利活用に係る監査

　本章では，前半で組織体において付加価値の創造や向上に貢献する
DX推進・管理のあり方およびその推進・管理に係る監査のあり方を
説明する。後半でDX推進の中心の1つとなるAI利活用・管理のあり
方とAI利活用・管理に係る監査のあり方について説明する。

Ⅰ　DXの推進
Ⅱ　AIの利活用
Ⅲ　まとめ

Ⅰ DXの推進

1 DXの定義と狙い

　経済産業省「デジタルガバナンス・コード3.0」（2024年9月19日改訂）はDXを「企業がビジネス環境の激しい変化に対応し，データとデジタル技術を活用して，顧客や社会のニーズを基に，製品やサービス，ビジネスモデルを変革するとともに，業務そのものや，組織，プロセス，企業文化・風土を変革し，競争上の優位性を確立すること。」と定義付けている。

　この定義でいう「変革」の対象である「製品やサービス，ビジネスモデル」や「業務そのものや，組織，プロセス，企業文化・風土」とは，次のようにも整理できる。

① 新ビジネス，新商品，新サービスの創出
② 組織活動やプロセスの有効性向上
③ 組織活動やプロセスの効率性向上
④ 新たな企業文化，風土の醸成

（1）新ビジネス，新商品，新サービスの創出

　DXの推進により，従来にはなかった，あるいは不可能であった新しいタイプのビジネスや新商品，新サービスが創出される領域である。例えば医療分野ではビッグデータを活用した診断の高度化，オンライン診療の普及等が進み，金融業界ではフィンティックを活用した新ビジネスの創出がいわれている。一方，自動車の自動運転が実現されれば新しいビジネスモデルが達成される反面，衰退していく既存のビジネスも出てくると予想される。組織体

第6章 DX推進, AI利活用に係る監査

は，やみくもにDXを推進するのではなく，社会，組織体，家庭等でのDX推進に伴う社会やビジネス環境の変化を踏まえて，自らの組織体はどのようにDXを進めなければいけないかについて，サステナビリティの観点も踏まえて，検討していかなければならない。組織体にとってはDX推進による新ビジネス等のアイディア発案とその可能性についての慎重な検討が必要とされる。伝統的なITガバナンスの目的の1つに，組織体全体の戦略にIT戦略を整合させることがあるが，DXは，逆にITシステムの活用を起点として，組織体の戦略やビジネスモデルを立案することも主張している。

> ### コラム6-① ITを活用した新しいビジネスモデル (1)ロングテール戦略
>
> 実店舗での販売では，スペースの制限から多くの商品を陳列することが困難であり，パレートの法則（2割の商品が全体の8割の売上を構成しているとの法則）に従い，売れ筋の2割の商品を中心に陳列する戦略をとっている。しかしながら物理的なスペースを必要としないWebサイトの発達により，サイト内に多数の商品を陳列でき，売れ筋でない残りの8割の商品からも売上と利益を得ることが可能となった。グラフ上で商品を売上の高い順に並べた場合，残りの8割の商品も少しばかりの売上があることから，グラフが長い尻尾（tail）のような形になることから，ロングテール（long tail）戦略といわれている。

（2）組織活動の有効性向上

組織体の目的や目標をDX推進により一層効果的に達成する領域である。ビッグデータに対してAIを活用して分析することにより，より効果的なマーケティングの実施，不正発生のメカニズムに関する新たな発見，不正の防止や発見への貢献等が期待されている。この場合のビッグデータは，5G（将来的には6G等）やIoTの活用により，従来以上に，様々なITツールの連携による様々なデータソースからの多種多様かつ大量のデータとなっていく。また，AIの活用により，人間による分析よりもより広く，よく深くデータの

167

分析がなされていく。

> **コラム6-②**　**ITを活用した新しいビジネスモデル**
> **(2)スマート・ファクトリー**
>
> 　ある工場では，センサーや湿・温度計等により収集したリアルタイムのデジタルデータを連続的にAI（人工知能）に送り，AIがデータ分析をして遠隔監視をしたり，ロボットへ動作指示を出すことにより，生産性の向上を図っている。
> 　なおここでは，ビジネスプロセスの改善にITシステムとOTシステム（**キーワード序-①参照**）が連携して貢献していることにも注目が必要である（詳細は，終章第Ⅰ節1を参照）。

（3）組織活動の効率性向上

　DXの推進により業務プロセスの自動処理が進み，業務のより迅速かつ正確な処理が期待される領域である。例えばAIによる生産プロセスの管理と全自動化により生産効率を上げ，不良率を引き下げることが期待されている。効率性の向上は従来からITの利活用による実現が目指されてきたことであるが，各種デジタルデータの連携とビッグデータの利活用，AIによる分析等により，効率性の非連続的な向上（飛躍的向上）が期待される領域である。

　最近では，生成AIにより，体系的な情報の提供や文書の作成等が効率的になされてきている。

　また，ブロックチェーンによる改ざんができない形での記録の保存は，記録の信憑性を効果的かつ効率的に確保しており，（2）の有効性向上と（3）の効率性向上の両方において利点がある。

（4）新たな企業文化，風土の醸成

　組織体の「競争上の優位性を確立」するためにDXの積極的な推進を目指す文化，風土を醸成していくことであるが，これは一番時間がかかる事項である。組織の文化や風土はなかなか変えられるものではないので，DX推進

第6章 DX推進, AI利活用に係る監査

の初期は，取締役会や経営陣による粘り強い激励や指導が必要であるが，DX推進による成功事例が生まれてくると，組織体のいたるところから，DXによる様々な新ビジネスモデル，業務の改革等の提案が自発的に出てくる。そしてこれらの提案の中から採用するものを取締役会や経営者が選択する，このような流れが出てくると，DX推進により変革志向の風土が加速度的に醸成されてきている状態といえる。

2 DX推進方法

（1）DX推進上の重要なポイント

前述の経済産業省「デジタルガバナンス・コード3.0」は，組織体が持続的な企業価値の向上を図っていくためには，次の諸点が重要であると述べている。

「① 新たな価値創造のために不可欠な経営資源としてデジタル技術を捉え，DX戦略を描くこと

② デジタルの力を，効率化・省力化を目指したITによる既存ビジネスの改善にとどまらず，新たな収益につながる既存ビジネスの付加価値向上や新規デジタルビジネスの創出に振り向けること

③ ビジネスの持続性確保のため，ITシステムについて技術的負債となることを防ぎ，計画的なパフォーマンス向上を図ること

④ 必要な変革を行うため，IT部門，DX部門，事業部門，経営企画部門など組織横断的に取り組むこと」（経済産業省［2024］ではp.3）

上記のDX推進の重要点を踏まえつつ，第1章で説明したITガバナンスの成功要因の枠組みを活用して，DX推進方法について説明していく。

ITガバナンスの成功要因は，**図表6-1**のとおりである。この成功要因はDX推進上の成功要因でもあり，以下で，この成功要因ごとにDX推進方法を見ていく。

169

◎図表6-1　DX推進上の成功要因◎

① 「基本方針，機関設計等基本的枠組み」
② 「企業文化・DNA，倫理，コンプライアンス」
③ 「情報（インフォメーション，インテリジェンス），データ」
④ 「組織構造，体制」
⑤ 「人材，協力者（外注先等）」
⑥ 「インフラストラクチャ，ソフトウェア」
⑦ 「事業体の職場，プロセス」

（2）DX推進上の成功要因

① 「基本方針，機関設計等基本的枠組み」

　DXの推進は，全社的な取り組みとなることから，取締役会等や経営者のコミットメントが必須となる。DX推進のための基本方針や全社的な枠組みは取締役会等のガバナンス機能が整備し，各部門やプロセス等でのルールや組織体制の整備や運用は経営者以下のマネジメントが担うことになる。

　DX推進にコミットした取締役会や経営者がDX推進において行うべきことは，DXで何をすべきかを考えるより，まずはビジネスとテクノロジー（ITシステムとOTシステム）を一体的に捉えて，DXの普及（デジタル技術やデジタルデータの利活用）による社会や競争環境の変化が組織体にもたらす影響（機会と脅威）を評価したうえで，組織体が目指すべき経営ビジョンを策定することである。ビジネスとテクノロジーを一体的に考え，DXによる影響を勘案して策定された経営ビジョンの中にはDXの推進が当然に含まれることになる。

　経営ビジョンを策定するとその経営ビジョンを実現するために経営計画や戦略の立案が必要となる。その際には，ビジョン策定時と同様に取締役会や経営者が，デジタル技術やデジタルデータを使って何をすべきかを考えるよりも，まずは，組織体の価値創造策や，障害があって実施できないでいるビジネスモデルや施策における障害の解決策をビジネスとテクノロジーを一体的に考えて検討し，実現可能な戦略を立案することが重要である。DXは，このような戦略推進の中で自ずと推進されていく。

170

第6章 DX推進, AI利活用に係る監査

キーワード6-① デジタルデータ, デジタル技術

デジタルデータ：

　自然界に存在する様々な情報（映像, 音, テキスト, 数値等）をコンピュータで処理可能な二進法に書き換えられたデータのこと。

デジタル技術：

　デジタルデータを活用するための様々な技術のこと。

　例えば, デジタル技術には, IoT（Internet of Things:ネットワークを通じて様々な情報を得る技術）, ビッグデータ（Big Deta：従来の管理手法では得られなかった膨大なデータ群とその管理活用技術）, AI（Artificial Intelligence:人工知能）, ICT（Information and Communication Technology：情報通信技術）, RPA（Robotic Process Automation:ロボットによる業務自動化）, クラウド（Cloud Computing：情報システムのインフラストラクチャ, ハードウェア, ソフトウェアをインターネット経由で配信すること）, XR（Extended Reality：現実社会にないものを表現したり体験できる技術）等がある。

コラム6-③ ビジネスモデルと戦略

　ビジネスモデルとは何か, ビジネスモデルと戦略の関係性については, 様々な見解がある。

　経営情報学者の根来龍之教授は, 「ビジネスモデルは事業活動の構造の設計図, ビジネスシステムは結果として形成される事業活動全体のことである。」（根来監修[2005] p.12）としたうえで, 「この理論（筆者注：資源ベース戦略論）は確かに資源の有無によるビジネスモデルの違い, あるいは似通ったビジネスシステムを持つ企業の業績格差を説明する。」（根来監修[2005] p.12）といわれている。ここでは企業の業績格差をつける要因として経営資源の重要性が強調されており, デジタル技術, デジタルデータは切り札の1つとなる経営資源である。

　さらに, カサデサス＝マサネルとリカートは, 『戦略からビジネスモデルへ, そして戦術へ』の中で, 「戦略はどのビジネスモデルを使うかに関する行為の条件適合計画（contingent plan）である。戦略のために会社が利用可能な行為は, ビジネスモデルの原案（raw material）を構成する要素の選択である。」（Casadesus-Masanel and Ricart[2010] p.204）と説明したうえで, 以下のとおり戦略はど

171

のビジネスモデルを採用するかの計画であるとしている。

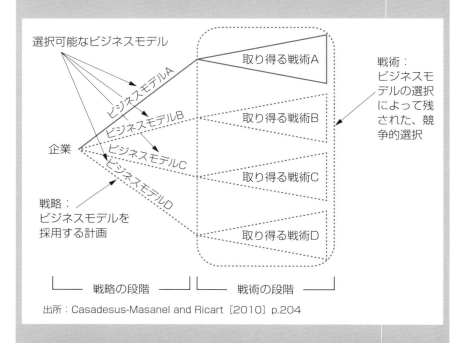

出所：Casadesus-Masanel and Ricart［2010］p.204

　この場合，いくつかのビジネスモデルの原案があって，その原案のうちどれを採用するかを計画するのが戦略ということになるが，デジタル技術，デジタルデータの活用によって，組織体が実行可能になるビジネスモデルが増えることにより，採用できる戦略も増えることになる。

　また，経営学者の國領二郎教授は，「生産地から遠くの消費地へ製品を運ぶ，……（中略）……安定的で広域で販売し続けるモデルが必要になっていたのだ。」（國領ほか［2017］p.48）とビジネスモデルの紹介をされた後，このビジネスモデルのボトルネックの1つが信頼（遠くから運ばれてきたものに信頼が置けない）であり，このボトルネックを解消したのがブランド戦略だと説明されている。つまり，ビジネスモデルのボトルネック（障害）を取り除く行為が戦略（この場合はブランド戦略）であると主張されている。組織体が保有しているいくつかのビジネスモデルをデジタル技術，デジタルデータを活用して，それらのビジネスモデルの障害を取り除く，ビジネスモデルを実行可能にする行為がDX戦略の立案・遂行になる（コラ

ム6-①のロングテール戦略では，スペースの制約という障害をWebの活用で解消
しており，スマート・ファクトリーでは，収集能力，適時性，継続性等の障害を
IoT等の活用により克服している）。

　なお，カサデサス＝マサネルとリカートは，「戦略からビジネスモデルへ，そし
て戦術へ」（Casadesus-Masanel and Ricart［2010］p.204）において，ビジネ
スモデルを選択したなら，そのビジネスモデルを実行する戦術の重要性も主張して
おり，この点も注意を要する点である。

　この点について，公益財団法人日本内部監査研究所「内部監査の将来について考
える研究会」は戦略に長期戦略と実行戦略があることを示した上で，長期戦略と実
行戦略を次のように示している。

「長期戦略：長期的なビジョンを設定し，そのビジョンと価値観，重要課題との整
　　　　　合性を確保します。持続可能なビジネスモデルの開発や，長期的なリ
　　　　　スクと収益機会の認識を行い，そのビジョンとビジネスモデルに反映
　　　　　させます。

実行戦略：ESG（環境，社会，ガバナンス）やSDGs（持続可能な開発目標），人
　　　　　的資本の重要性を認識し，それらを実行戦略に組み込みます。イノベー
　　　　　ションやデジタルトランスフォーメーション（DX）などの取り組みを
　　　　　検討し，長期戦略の実現に向けた具体的な行動計画を策定します。さら
　　　　　に，中期経営戦略を策定し，財政状態や経営成績に基づいて 実行戦略
　　　　　を具体化します。」（日本内部監査研究所［2024］p.12）

　ここまで，ビジネスモデルと戦略の策定について説明してきたが，戦略の
策定時には戦略に伴って発生するリスクについても検討する必要がある。リ
スクについては，組織体の外部要因と内部要因の両面から識別，分析，評価
し，適切な対応をとることが必要である。

　またビジネスモデルや戦略等は，その遂行状況を継続的に監視・監督し，
必要に応じて見直しや修正をしていくことも必要である。

②「企業文化・DNA，倫理，コンプライアンス」

　DXの推進がなかなか進まない原因の１つに，企業文化がある。これまで

のビジネスモデルや業務プロセス等が，DXの推進によって変わってしまうことに対し，企業文化はそれを受け入れられず抵抗してしまう。これは人間の安全志向の現れともいえる。しかしながら，競争環境が変わり，デジタル技術，デジタルデータが進化していく中で，これらの変化に対応し，デジタル技術，デジタルデータの活用を図っていかないと競争劣位に陥る可能性がある。したがって，組織体が競争優位性を維持し，継続的に発展していくためにはDXの推進は欠かせず，そのためには企業文化を現行維持重視の企業文化から変革を重視する企業文化へと変えていく必要がある。

ただし，変革重視の企業文化は，やみくもに変化を求める文化でなく，次のような適切な行為を踏んで組織体を変えていく文化である。

i　組織体の価値の創造，向上，ひいてはビジネスの変革やビジネスモデル，あるいは業務プロセスの変革等について考える思考の維持（ビジネスモデルや戦略遂行上の障害や制約，課題，業務上の問題点を常に把握し，その克服を持続的に考える姿勢，また現状に満足しない姿勢を含む）

ii　ビジネスの変革やビジネスモデル，あるいは業務プロセスの変革等について，ビジネスとデジタル技術，デジタルデータを一体として考えることの習慣化

iii　上記の変革について，データに基づき論理的に考える姿勢の習慣化

iv　変革は，公共の利益に沿ったものか，社会的な要求を満たしているか，倫理に反せず，コンプライアンス上問題がないかについて確認する姿勢の維持

v　変革案について，積極的に議論できる雰囲気の醸成

企業文化は，このような行為を組織として，また組織体の構成員がそれぞれの立場で継続的に行っていくことにより，中長期的に醸成，または変えられていくものであり，そのプロセスでの成功体験は，企業文化の醸成や変革を加速させる。

また，雇用の流動化，配置転換，人材の多様性推進，コミュニケーション

の活発化，失敗を許容する人事制度の運用等は，企業文化の変革を容易にする助けとなる。

③「情報（インフォメーション，インテリジェンス），データ」

　組織体の現状の分析，評価，ビジネスモデル案，戦略案，業務プロセスの変革案の検討，それらの遂行状況の評価等は，適切にして十分な情報（**コラム6-④参照**）やデータに基づいて行うことが必要である。

コラム6-④　適切にして十分な情報

　一般に適切性は情報の質，十分性は情報の量を意味するといわれ，意思決定に当たっては，質・量ともに揃った情報に基づくべきだといわれている。

　しかしながら，経営判断の現場においては，自然災害時や紛争発生時にはその状況上十分な情報が入手困難な場合もあり，また取引先との力関係や，情報入手に要する時間やコストの観点等から入手できる情報に制約がある場合がある。よって経営判断においては，意思決定を行う必要性から，できる限りにおいて収集した著しく不合理でない質・量の情報に基づいて検討し意思決定することもありうる。

　この場合には取締役の善管注意義務との関係が懸念されるが，その点については経営判断の原則を踏まえて，次のように考えられている。「経営判断に際してどれだけの情報を集め，どれだけの検討をするべきかということもまた，経営判断であって，裁判所がそれについて立ち入った審査を行うことは，取締役が情報収取や検討に時間をかけすぎるという形で過剰に保守的な経営に結び付く危険が大きい。……（中略）……裁判所は『著しく不合理』かどうかの審査をすることにとどめるべきである。」（田中［2021］p.277）

　とはいえ，取締役は，自らの判断根拠について説明責任が果たせるように，判断の根拠とした情報やデータを保存管理する必要がある。

　情報やデータの取り扱いについては，次の点を明確化することが重要である。

ｉ　どのような情報やデータをどのように収集し，どのような形でいつまで

保存するか。情報やデータの正確性や入手の迅速性はどのように担保するのか。

ii　情報やデータを評価に活用する場合，それらを非数値（定性指標）として活用するのか，数値（定量指標）として活用するのか。非数値の場合，理想とする状況や目標とする状況をどのように設定するのか。数値の場合は，理想値，目標値をどのように設定するのか。両者とも，全社単位，部門単位，プロセス単位等で適切な数，適切に設定されているか。

iii　情報やデータをどのように分析するのか。分析に活用するデバイスや人材をどのように確保するのか。

iv　情報の取り扱いに係り，法的な問題点や，情報セキュリティ上の問題点はないか。

v　上記の i ～iv について，適時適切に見直しを行い，必要に応じて改善しているか。

④「組織構造，体制」

　DX推進のための組織構造，体制については，テクノロジーとビジネスを一体的に捉え，新たな価値創造に向けた戦略を描いていくことが重要である以上，DX推進の母体となる組織は，ビジネスの有識者とテクノロジーの有識者が含まれる組織であることが必要である。またDX推進のための組織は，全社的にDXを推進する組織と各職場やプロセスでDXを推進する組織の両方が必要であるが，後者については⑦「事業体の職場，プロセス」で説明する。

　全社的な組織体制は，デジタル技術に係る動向や組織体のITシステム，OTシステムの現状を踏まえた課題を把握・分析し，ビジネスモデルや戦略の立案や見直しが行われるように，経営者は，企画，事業や業務，IT，設備（OTシステムを含む），データ分析，情報セキュリティ，法務等に係る部門からの要員から構成されるDX推進体制を構築する必要がある。この体制は，組織体のおかれている環境やDXの目的等により，担当部署という常設の組織になる場合もあれば，プロジェクトチームという形態になったり，定期的

な会議開催ということになることもある。

　経営者はここでの検討結果を踏まえて，ビジネスモデルや戦略の提案を取締役会に行うことになる。取締役会は，経営者から提出された提案について意思決定を行い，必要な指示を行う。また取締役会は，指示内容の進捗具合を監視・監督し，必要に応じて，新たな指示を経営者に出すことになる。経営者は取締役会へ提案することにより取締役会からの支援を獲得し，取締役会は指示の遂行具合をモニタリングすることにより，経営者の執行を監視・監督し，同時に経営者を支援する。DXの推進は中長期的な取り組みとなるので，取締役会と経営者のコミットメントと両者の関係性が重要になる。

　以上，DX推進の企画に係る体制を述べてきたが，DXを順調に進めていくためには，全社的な推進・サポート体制の整備の必要がある。DX推進に当たり，現場では様々な困難に直面することがあるので，彼らがそのような困難に直面してDX推進の活動を遅らせることがないように，現場の役職員を支援する体制が必要である。支援体制が，役職員にビジネスモデルや戦略の内容を周知徹底する機能，テクノロジーの使用法を支援する機能，情報やデータの処理，分析，評価，活用を支援する機能等を提供すれば，それらの機能は現場でのDX推進を後押しする。

　DXの推進を企画する組織と，推進に当たり各部署を支援する組織の両方が必要である。

⑤「人材，協力者（外注先等）」

　デジタル技術，デジタルデータを活用して何を行うかが明瞭になれば，その実行に必要な人材も自ずと明瞭になってくる。通常は，ビジネスや業務，IT，設備（OTシステムを含む），情報セキュリティ，法務，データ分析等に詳しい人材が必要となる。

　また，経営者をはじめ，強いリーダーシップを発揮できる人材，論理思考力や企画力の高い人材，コミュニケーション能力，連携力といった組織や人を動かす能力のある人材等が必要となる。

⑥「インフラストラクチャ，ソフトウェア」

　DX推進のためには，デジタル技術やデジタルデータを活用するためのインフラストラクチャ，ソフトウェアの整備が必要であることはいうまでもないが，整備に当たって次の点が重要である。

i　最新のテクノロジーについての研究と組織体で利活用可能性を検討する仕組みができていること。

ii　DX推進のために利活用する技術，インフラストラクチャ，ソフトウェアが明確になっており，適時適切に見直されていること。

iii　既存のインフラストラクチャ，ソフトウェアとデータが新たに導入するデジタル技術と連携でき，既存のデータが使用できる体制になっていること。

iv　インフラストラクチャ，ソフトウェアの中長期的な投資計画が策定され，取締役会等適切な機関により承認されていること。

v　インフラストラクチャ，ソフトウェアの運用体制が整備されていること。

　これらの点については，テクノロジーを巡る環境変化，組織体のビジネスモデルや戦略の見直しや変更，業務プロセスの変革，事故やリスクの顕在化等へ対応していくために，適時適切に確認し，必要があれば是正を行う。

⑦「事業体の職場，プロセス」

　DXは，全社的に推進されていくと同時に，各業務部門やプロセス単位（以下，現場単位）でも推進を企画して進められていく。現場単位でDXを推進することの強みは，そこが業務の現場であることからなすべきことがより具体的に識別できることである。一方，現場の弱みは，全社単位の場合と比べて，人材が少ないことであり，関係部署からの支援や組織体外からのサービスの受容等により，その弱みをカバーすることになる。

　現場でのDX推進では，現場の長のリーダーシップ発揮が重要である。次に現場の各構成員が，自分たちの業務に付加価値を提供するために何ができ

るかを，日常的に業務とテクノロジーを一体として考える習慣を身に着けて
おくことが重要である。また，現場では，業務の変革や改善等についてより
具体的に考えることができるので，デジタル技術，デジタルデータを使用し
て何ができるかを考えていくアプローチも有効性が高まる。

　現場の長のリーダーシップと現場の構成員のDX推進への思考から具体的
な推進策を立案するためには，現場での活発な議論と良好なコミュニケーシ
ョンが必要である。推進策の立案に当たっては，現場の経営資源の範囲内で
できることを考えるのではなく，組織体内のどのような機能やデジタル情報
を活用できるか，アウトソース等，組織体外のサービスの活用は可能か等，
幅広い見地から検討すべきである。

　現場でのDX推進は，新ビジネス，新商品，新サービスの創出に加えて，
組織活動やプロセスの有効性向上や効率性向上において効果を発揮しやすい。

3 DX推進に係るリスク

(1) DX推進に係る最終的なリスク

　DX推進に係るリスクは，最終的には，DXが組織体の価値の創出や向上に
寄与していないことに集約されるが，それをマーケティングの4P分析（**キ
ーワード6-②参照**）を踏まえて分析すると次の6つに分解される。

① 　DXが，新しいビジネスモデルや戦略の創出や，業務変革等に結び付い
　ていない。（Productの視点）

② 　組織体の企業文化が，デジタル技術，デジタルデータとビジネス，業務
　を一体として考える企業文化に変化していない。（Placeの視点）

③ 　組織体のDX推進とその効果が，ステークホルダーに十分に伝わってお
　らず，ステークホルダーからの信頼を勝ち取るまでには至っていない。
　（Promotionの視点）

④ 　費用対効果の観点から見て結果や成果が不十分である。（Priceの視点）

⑤ 　情報セキュリティが維持されていない。

⑥　倫理やコンプライアンス上で不適合が発生する可能性がある。

キーワード6-②　マーケティングの4P分析

　マーケティングの戦略を立てるためのフレームワークで，戦略をProduct（商品），Place（流通チャネル），Promotion（販売促進活動），Price（価格）の４つのPの視点から分析し，立案するもの。

　上記の①〜④のリスクは，この4P分析を踏まえたもの

（2）DX推進に係る個々のリスク

　（1）でDX推進に係る最終的なリスクについて説明したが，これらのリスクは，DX推進のプロセス上での個々の第一次的なリスクが顕在化した結果，その帰結として顕在化するものである。最終的なリスクの顕在化を防止するためには，個々の第一次的なリスクを識別して対応していく必要がある。この個々のリスクを識別するアプローチは様々あり，前節のDX推進上の成功要因ごとにリスクを識別していくアプローチもあるが，ここではPESTLEのフレームワークに基づいての識別を説明する。

　PESTLEのフレームワークに従ってリスクを識別する方法は，外部環境は政治的要因（Politics），経済的要因（Economy），社会的要因（Society），技術的要因（Technology），法的要因（Law），環境的要因（Environment），内部環境はプロセス要因（Process），人的要因（Employee），組織的要因（Structure），技術的要因（Technology），文書的要因（Legist-ration），統制環境的要因（Environment）の要因ごとにリスクを識別していく方法である。このイメージ図は，**図表6-2**のとおりである。

　組織体は，自組織体の状況や，行おうとしているDXを踏まえて，適切にリスクを識別，分析，評価し，適切な対応を行うことが必要である。

180

第6章 | DX推進, AI利活用に係る監査

◎図表6-2 PESTLE◎

DXの全社的推進に係るリスクの識別

外部要因 （外部要因のPESTLE）

要因のカテゴリー		具体的要因の例	発現する事象の例
政治的要因	（Politics）	政権交代，国際紛争	貿易摩擦等への不適切な対応等
経済的要因	（Economy）	景気変動	景気動向に係る誤判断、過剰設備投資等
社会的要因	（Society）	社会的要求の高まり	世論や嗜好、社会的要求水準への対応不十分等
技術的要因	（Technology）	技術の発達	有効な技術の未導入、サイバー・テロ
法的要因	（Law）	法令等の制改廃	個人情報保護法に抵触
環境的要因	（Environment）	自然災害、疫病	災害、疫病等によるシステム稼働不可

内部要因 （内部要因のPESTLE）

要因のカテゴリー		具体的要因の例	発現する事象の例
プロセス的要因	（Process）	業務処理方法の変更	プロセス変更への抵抗
人的要因	（Employee）	要員の不足	DX推進に係る立案者、先導者不足による停滞
組織的要因	（Structure）	組織体制の整備	DX推進に係る各部署の役割・権限・責任等の混乱
技術的要因	（Technology）	システム導入、更改	設計ミスによるシステムの不具合等
文書的要因	（Legislation）	基本方針、戦略の文書化	不適切な文書化による方針等への理解不足、誤解
統制環境的要因	（Environment）	経営者のコミットメント	経営者の踏み込み不足に寄り企業文化の変革停滞

コラム6-⑤　PESTLE

　外部要因のPESTLEは，「近代マーケティングの父」とうたわれるフィリップ・コトラーが『コトラーの戦略的マーケティング』の中で提唱したPESTから発展したもので，チャフェイとエリス・チャドウィックは『デジタル・マーケティング―戦略，実行，実践』でPESTLEの構成要素を，「政治的影響力（Political forces），経済的影響力（Economic forces），社会的影響力（Social forces），技術的影響力（Technological forces），法的影響力（Legal forces），環境的影響力（Environmental forces）」としている。（Chaffey and Ellis-Chadwick [2012] p.124）。

なお，COSO「全社的リスクマネジメント」でも，外部環境のカテゴリーと特性を「政治，経済，社会，技術，法規，環境」としている（日本内部監査協会他監訳 [2018] p.114）。
　内部要因のPESTLEは，COSO ERM（2017年度版）の「内部環境のカテゴリーと特性」（図表7.2）の内部環境に対する資本，人材，プロセス，テクノロジーへの分類と，2（2）のDX推進上の成功要因をPESTLEの枠組みに再整理したものである。

4 DX推進に係る監査

（1）DX推進に係る監査に活用できるフレームワーク

　DX推進に係る監査のアプローチとしては，前述のDX推進上の成功要因ごとに検証・評価していく方法，あるいはPESTLEに従って検証・評価していく方法も考えられるが，ここでは，COSO ERM（2004年版）を基に作成したDX推進に係る管理態勢のフレームワークに沿って検証評価をするアプローチを紹介する。

　DX推進に係る管理態勢のフレームワークは**図表6-3**のとおりである。

　図表6-3のフレームワークの構成要素は，「統制環境」，「目的の設定」，「事象の識別」，「リスク評価」，「リスクへの対応」，「統制活動」，「情報と伝達」，「モニタリング活動」，そして「継続的改善」となる。

　取締役会や経営陣がDX推進に係る基本方針やビジョンを策定，明確化し，経営者がDX推進にコミットしている統制環境において，DX推進の目的（ビジネスモデルの場合は設計思想）や目標が設定されていることが必要である。

　次にその目的を達成しようとするときに，自組織体にはどのような事業機会がありその事業機会を活用してどのような戦略が立案できるか，さらにその戦略実行に伴いどのようなリスクがあるかの事象の識別し，リスクの評価を行うことになる。次にリスク評価に基づき組織体としてのリスクへの対応を決める。リスクが組織体にとって許容範囲内に収まっている場合には，そ

◎図表6-3　COSO ERMに基づくDX推進管理態勢◎

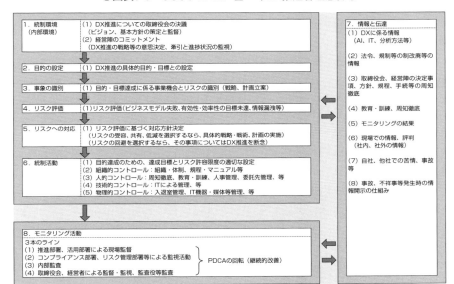

の戦略をそのまま受容して実行してよいが，許容範囲を超過している場合は，リスクを減らす策を取るか，リスクを回避して戦略の不採用を決定する。リスクを減らす策としては，自組織体だけでリスク低減を行うか，第三者とリスクを共有（第三者へのリスクの移転を含む）する方法がある。リスクを低減あるいは第三者と共有する対応を選択した場合は，低減あるいは共有のための統制活動を適切に行う必要がある。なお，DX推進に係る組織体内外の環境変化に伴うリスクは絶えず変化していくので，リスクの受容や回避を選んだ場合もリスクの変化については継続的にモニタリングしていく必要がある。以上の統制環境，目的の設定，事象の識別，リスク評価，統制活動が適切に行われるためには，組織体内外の有益な情報が意思決定権限者まで適時適切に伝えられる必要があるし，同様に意思決定された事項が適時適切に実施部署，実施者に伝えられる必要がある。さらに今まで述べてきた構成要素が適切に実施されているかをモニタリングしていく必要がある。モニタリング活

動により，現状を把握して改善，是正していくことでより継続的な改善が可能となる。ビジネスモデルの創出，確立のためには仮説と検証が必要であるが，適時適切な検証のためには適切な継続的モニタリング活動が重要である。

以上がDX推進に係る管理態勢のフレームワークの説明であり，監査人はこのフレームワークに沿ってDX推進に係る監査を行っていく。

（2）DX推進に係る監査の課題

（1）でDX推進に係る管理態勢のフレームワークに沿っての監査を提案した。このフレームワークは管理のために何をすべきかを示しているが，どこまですべきかまでの水準，基準は示していない。監査は「あるべき姿」や「基準」等があり，その「あるべき姿」や「基準」等と現状を比較して始めるのが一般的であるが，DX推進においては，DXは新しいテーマであるので，そのどこまでやるべきかの水準，基準が必ずしも明確でない。

このような場合には，監査の基準として「あるべき姿」を求めるのではなくて，組織体として受容可能な「満足できる姿」や「満足できる基準」（以下，「満足基準」）を経営者等とともに探求して「満足基準」を監査評価の規準として使用することもあり得る。DX推進に限らず経営判断においては，入手可能な情報やコスト，時間の制約等により「最適化基準」や「あるべき姿」だけを探求することは現実的でない場合も多い。

したがって，監査人が監査を行うに当たっては，アシュアランス活動であれ，コンサルティング活動であれ，監査開始に当たってはまず経営者や被監査部署とよく話し合い，何が「満足できる姿」や「満足基準」かをともに探求し，共有する必要がある。

監査人は「満足できる姿」や「満足基準」を被監査部署と共有できたら，具体的に現状を把握するための検証を開始する。この際の検証の進め方は，図表6-3に沿って検証していくのが効果的・効率的である。具体的な検証の要点は章末のチェックリストのとおりである。

第6章 DX推進，AI利活用に係る監査

コラム6-⑥ 最適化の基準と満足基準

経営学者の占部都美教授は『近代組織論（1）』で最適化の基準と満足基準について次のように述べておられる。

「経済人モデルでは，あらゆる可能な代替的手段を発見したり，

その結果を予想したり，評価して選択するばあい，最適化の基準（optimal standard）が用いられる。しかし，一つの代替的手段の選択が「最適」であるためには，次の二つの条件が必要である。(1)あらゆる代替的手段を比較することを可能にする一組の基準が存在すること。(2)問題の代替手段が他のあらゆる代替手段にたいして，最適の基準によって，選択されること。

現実には，このような最適化の基準を適用していくには，探求活動は，きわめて，複雑となり，それにはきわめて長い時間を必要とし，また，高いコストを必要とするであろう。これにたいして，現実的に合理的な管理人は，満足基準によって意思決定をすることを特色としている。「満足基準」はつぎの二つの条件をみたせばよい。(1)最低必要な満足の代替手段を指示する一組の基準が存在すること。(2)問題の代替手段がこの満足基準と合致するか，あるいはそれをこえるばあいに，ただちにその満足な代替手段を選択すること。」（占部［1974］p.166, 167）

以上を述べられたうえで，マーチ＝サイモンの「大部分の意思決定は，個人のばあいでも，組織のばあいでも，満足な代替手段の発見と選択にかかわっている」（March and Simon［1958］p.141）との主張を紹介されている。

あるべき姿を手探りで探求せざるを得ず，かつスピーディーな対応が求められるDXの推進には満足基準の適用が相応しいと考えられる。

Ⅱ AIの利活用

1 AIに係る定義

　第Ⅰ節ではDX推進に係る全体像の観点から論説したが，本節では，DX推進の中心の1つとなるAI利活用のあり方とその監査について説明する。AI利活用については，そのもたらす便益は場合によっては非連続的に大きいものがあるが，倫理的問題も含めて検討していくべき課題も大きいからである。

　なお，AIおよびAIに関連する定義は様々あるが，本書では総務省AIネットワーク社会推進会議「AI利活用ガイドライン―AI利活用のためのプラクティカルリファレンス―」（2020年8月9日，以下，「AI利活用ガイドライン」）に基づいて説明する。なお，このガイドラインはOECD 理事会の「AIに関する勧告」（"Recommendation on Artificial Intelligence"，2019年5月）とも整合がとれている。

　「『AI』とは，AIソフト及びAIシステムを総称する概念をいう。

　『AIソフト』とは，データ・情報・知識の学習等により，利活用の過程を通じて自らの出力やプログラムを変化させる機能を有するソフトウェアをいう。例えば，機械学習ソフトウェアはこれに含まれる。

　『AIシステム』とは，AIソフトを構成要素として含むシステムをいう。例えば，AIソフトを実装したロボットやクラウドシステムはこれに含まれる。」

キーワード6-③　AIシステム

経済産業省AI原則の実践の在り方に関する検討会 AIガバナンス・ガイドラインWG「AI原則実践のためのガバナンス・ガイドライン Ver.1.1」（2022年1月28日）では，AIシステムを次のように定義している。

「AIシステム：深層学習を含む様々な方法からなる，教師あり，教師なし，強化学習を含む機械学習アプローチを用いたシステムであって，人間が定義した特定の目的のために，現実又は仮想環境に影響を与えるような予測，助言，決定を行う性能を有するシステム。 このAIシステムは設計次第で様々な自律の程度で動作する。このAIシステムには，ソフトウェアだけではなく，ソフトウェアを要素として含む機械も含まれる。」

なお，本書ではこれらのAIのうち機械学習機能を持ったAIを対象として取り扱う。また，ディープラーニング（深層学習）は機械学習の一部であるが，ディープラーニング機能を装備したAIと，ディープラーニング機能を装備していない機械学習機能を装備したAIとでは，その機能や内容に差が大きく活用方法にも差が出てくることがある。本書では機械学習機能を装備したAIのうち，ディープラーニング機能を装備したAIをディープラーニングAI，それ以外の学習機能を装備したAIを機械学習AIと表記する。

◎図表6-4　AIの分類◎

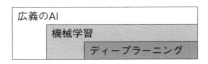

またAIに関係する主たるプレイヤーとしては，AIシステム開発者（事業として，AIシステムの研究，開発をする者），AIシステム運用者（事業として，AIサービス又はAI付随サービスを他者に提供する者），AIシステム利用者（AIシステム，AIに関連するサービスを利用する者），データ提供者（他者が利用するAIシステムの学習等のためにデータを提供する者）がいるが，本書では主としてAIシステム利用者を対象として取り扱っていく。

2 AIシステムの提供する機能

　AIシステムが提供する機能は，①認識，識別，②分析，予測，③実行，生成があり，それらの機能をさらに分類すると**図表6-5**のようになる。

　組織体は，このようなAIシステムの機能を認識して，組織体の目標達成支援のためにAIシステムをどのように活用するかを検討する必要がある。

◎図表6-5　AIシステムが提供する機能◎

認識，識別	・音声認識・画像・動画認識 ・言語解析 ・分類・検知　等
分析，予測	・関係性分析 ・数値予測，ニーズ予測，意図予測 ・判断，意思決定　等
実行，生成AI	・表現（文章，画像等）の生成 ・行動の最適化 ・作業の自動化　等

3 機械学習とディープラーニングの相違点

　AIシステムが提供する機能は上記のとおりであるが，機械学習AIとディープラーニングAIでは機能の内容をはじめ，様々な相違点がある。その相違点とは次のようなものである。

（1）学習プロセス
①　提供するデータ（学習教材）特徴

　機械学習AIの場合，まずは人間が与えるデータの前処理を行い，データに含まれるいくつかの特徴とその特徴が示す事柄（答え）を示したうえで，

188

そのデータをAIに与えることで，AIはこの特徴のあるものは何であるか（答え）を学習していくものである。この訓練により，与えられたデータからAIは答えを導き出せるようになる。

　一方，ディープラーニングAIでは，前処理なしのデータを大量に与えて，それぞれのデータの特徴，全体の傾向やルールを自己学習させていった結果，AIはデータを自ら識別した特徴などによってグループ分けし，新しく与えられたデータがどのグループに属するかを判別していけるようになる。

　例えば，AIに色を識別させる場合，機械学習AIでは人間が「色」に着目するように指示を行うが，ディープラーニングAIではその必要がなく，AI自身がデータの特徴を自動的に学習し，特徴の違い（色である可能性もある）を識別するための方法を探し出して識別を行うことになる。

　したがってディープラーニングAIでは，言葉等で特徴を定義するのが難しいものも学習教材となる。例えば，書籍や衣服等の興味や嗜好などは言語での細かい表現が難しいが，AIは顧客がどの商品を購入したかというデータを学習教材として提供すれば，顧客の興味や嗜好などを独自に識別し，合致しそうな商品を識別して購買提案することができるようになる。

②　提供するデータの量

　機械学習AIの場合は，AIの使用目的により学習に必要となるデータの量は変わってくるが，著しく膨大になることはない。実際の分析でも，多種多量のデータが提供されればある程度まではその出力精度は向上するが，その程度を超えると，前処理をする人間の能力的制約もあり，出力精度はあまり向上しない。

　ディープラーニングAIは，自身でデータの特徴を自動的に学習し，特徴の違いを識別するための方法を探し出していくため，そのために必要なデータは大量に必要となり，またデータは多ければ多いほど出力精度が上がると一般にいわれている。ただし，提供するデータが適切でなく，偏りがある場合等では，ディープラーニングAIは，誤った学習をしてしまい，適切な結

果を導出できなくなる。

（2）結果の導出プロセス

①　人間の裁量

　機械学習AIの場合は，データの特徴の示し方や採用するアルゴリズムにより裁量を働かせることができる。また，データの特徴の示し方や採用するアルゴリズム，導出された結果の解釈に専門的な知識が必要とされる。

　ディープラーニングAIの場合は，AI自身でロジックを作り出すので人間の裁量が入る余地はない。導出された結果の解釈には専門的な知識が必要となる。

②　学習環境

　機械学習AIの場合は，テスト環境での学習が可能であり，人間が学習の方向性をある程度統制でき，学習時間も比較的短時間で済ませられる。

　ディープラーニングAIの場合は，AIがロジックを作り出すために，できる限り本番同様の学習環境の設定が必要であり，AIがロジックを作り出すプロセスを人間は統制できず，かつロジックを作り出すために大量のデータが必要で，学習時間も長くなる。

（3）成果物

①　結果の内容

　機械学習AIの場合は，提供するデータへの工夫や分析のロジックをアルゴリズムに組み込むことができるので，データに関して人間が把握した特徴の範囲内での結果となる。

　ディープラーニングAIの場合は，自身で特徴識別の方法を作り出すので，人間が把握していなかった新たな特徴を見出すこともあり得る。これを特徴抽出の自動化という。また，人間とは違った価値判断，判断基準により非倫理的な判断を下すこともあり得るので，ディープラーニングAIを使用する場合は，特に倫理面の管理が重要である。

第6章 │ DX推進，AI利活用に係る監査

② 結果への解釈

　機械学習AIの場合は人間が特徴として何に注目すべき点かを教えているので，学習のアルゴリズムを数式で表することができ，どのようなロジックでその結果が導き出されたかが明確である。

　一方，ディープラーニングの場合は，AIがデータの特徴を自動的に学習するので，基本的にAIがどのようにしてその結論を導いたかはブラックボックス化する。結果はわかってもなぜその結果になったのかがわからないと，説得力がなかったり，実務上対応に困るケースもあるので，ブラックボックス化した部分を示せる説明可能なAIの必要性も生じている。

（4）システム

① AIを実装するためのインフラストラクチャ

　AIは大量の演算が必要となるため大規模なコンピュータシステム等によるハードウェアの容量が必要であるが，機械学習AIの場合はディープラーニングAI程の容量は必要とされない。

　なぜなら，機械学習AIの場合は，提供されるデータ量が一定量を超えた後は出力精度があまり向上しないからである。機械学習AIに必要とされるハードウェアの容量は，AIの使用目的によって異なる。

　一方，ディープラーニングAIがデータの特徴を把握できるようになるためには，ビッグデータに代表される学習のための大量のデータが必要となり，かつアルゴリズムを多層化したニューラルネットワークによる学習手法であるので，必要とされるハードウェアの容量は大変大きくなる。

　ただし，2015年頃以降からは，各クラウドベンダーからアルゴリズムやディープラーニングとセットになったクラウド・サービス（Cloud Machine Learning）が開始されたため，自前のインフラストラクチャ環境を準備する必然性はなくなっている。なお，クラウドベンダーごとにアルゴリズムの種類やディープラーニングAIの特徴に差があり，採択時には注意が必要である。

191

② アプリケーション（デバッグの可否）

機械学習AIの場合，ロジックがわかっているので成果物の異常を認識でき，デバッグは可能である。

ディープラーニングAIの場合は，AIが結論を導いたロジックがわからない限り，現状ではデバッグは不可能である。

キーワード6-④　説明可能なAI，ビッグデータ，ニューラルネットワーク，デバッグ

説明可能なAI：AIが導出した結果に対して，人間が納得できる根拠やロジックを示す技術の総称。

ビッグデータ：膨大な量で，多様性に富みかつ高速に処理できるデータの集合や，そのデータを活用する一連のプロセス。膨大な量についての定まった定義はない。

ニューラルネットワーク：人間の脳の情報処理の働きを模した方法でデータ処理を行う手法。データの入力層，処理層，出力層から構成され，この処理層を多層化することにより，精緻な処理が可能となる。

デバッグ：コンピュータプログラム中のバグや欠陥を発見して修正し，動作をあるべきとおりにする作業。

4　AI利活用プロセス

AIシステム利用者の観点からは，AI利活用プロセスは，①AI利活用決定プロセス，②導入準備プロセス，③データ収集，入力プロセス，④結果の取得と利活用プロセスに分けることができる。

（1）AI利活用決定プロセス

このプロセスは，AI導入の目的や範囲，用途等を決定することと，その

決定に従って導入するAIシステムを決定することが行われる。

　AI導入の目的や範囲，用途等を決定する際には，組織体の目的達成のどの点にどのようにAIを活用するかの点に加えて，倫理や組織体に対する社会の期待や要求等も考慮する。

　導入するAIシステム決定においては，AI導入の目的や範囲，用途等を踏まえたうえで，どのような機能を有するAIシステムを導入するのか，機械学習AIにするのか，ディープラーニングAIにするのか等と，構築可能な受入態勢，費用対効果，情報セキュリティ等を勘案して決定する。

　また，選択したAIシステムの特徴から，導入するAIの範囲や用途を調整することもある。

（2）AIシステムの導入準備プロセス

　AIシステム導入に際しては，AIシステム運用者（事業として，AIサービスまたはAI付随サービスを他者に提供する者）を選定し，契約を締結するプロセスと，組織体内において受入体制を整備しておくプロセスがある。

　AIシステム運用者の選定においてはあらかじめ選定基準を設け，その選定基準に従って複数のAIシステム運用者を適切に評価し，その中から公平に選定する必要がある。

　AIシステム運用者と業務契約を締結する際には，契約の公平性に加え，安全性や情報セキュリティ，法令等への適合性，さらには契約後のAI機能の向上やリスク抑制等のためのAIシステムのアップデートやAIの点検・修理等の情報が適時に提供されることが条件に入れられるべきである。あるAIシステムのアップデートにより他のAIやその他のシステムに影響を及ぼすことがあるので，アップデート等の情報の適時入手は重要である。

　また，組織体とAIシステムの運用者の間でシステム連携についても準備が必要で，ネットワークの確認をしたり，関連する取り決めをしておかねばならない。

　組織体内の受入体制整備においては，情報セキュリティや倫理・コンプラ

イアンス上の準備に加え，組織的対応，人的対応，技術的対応，物理的対応が必要である。

組織的対応としては，AI利活用に係る方針・規程等の整備，組織体制の構築等があり，人的対応としては，責任者の明確化と，要員の確保およびAIシステム活用の訓練等がある。技術的対応では，新たに導入するAIシステムと既存のシステムとの連携対応をする必要があり，物理的対応ではAIシステムに関連する施設への入退館・入退室管理とAIシステムへの物理的管理が必要である。

さらに，AI利活用・管理の状況をモニタリングして継続的に改善していく仕組みの事前構築も必要である。

（3）データの収集と入力プロセス

AIに入力するデータを準備するプロセスである。

まずデータ自体の質については，①データを正しく理解するためのデータの定義資料があるか，②データのアノテーション作業ができているか（例えば入力画像（データ）の示す状態が正常/異常か等のレベル付け），③適切に構造化されているか，④データが適切にクレンジングされているか（誤謬，欠損，平仄の不整合がないか），⑤データの鮮度に問題がないか等が重要となる。

次にデータの提供においては，①提供するデータに偏りがないか，データは対象となる集団の代表性を維持していると考えられるか，②提供するデータの量は適切か等が重要になる。

コラム6-⑦　提供するデータ

AIに提供するデータについて偏りがあると，予期せぬ結果を招くことがある。

例えば，ある航空会社は，「数十年前の搭乗データを基に作成された顧客の搭乗傾向に基づくプライシングモデルを利用し続けていたことで，年間10億ドルの機会損失が発生していた」（保科［2020］p.240）とのことである。

第6章 DX推進，AI利活用に係る監査

　このデータを適切に準備して適切にAIに提供するためには，データサイエンスの専門家が必要である。
　また，人材採用のAIシステムにおいて「パターン学習させた履歴書のほとんどが男性であったことより，AIは男性を採用することが望ましいと判定することが発覚」（保科［2020］p.240）した例がある。
　提供する情報量についても，機械学習の場合は，問題の難度にもよるが，データ量が数千を超える辺りからモデルの鮮度が頭打ちになるのに対して，ディープラーニングでは，データを増やせば増やしただけ，鮮度が改善される（保科［2020］p.205，206）といわれている。

（4）結果の取得と利活用プロセス

　結果の取得と利活用プロセスにおいては，AIが提供した結果を組織体の目的達成に効果的かつ適切に利活用するために，結果を適切に理解すること，結果の精度や適切性を検証すること，AI利活用・管理の継続的な改善を図ることが必要である。

　AIが提供した結果を効果的に利活用するためには，結果を正確に理解し，検討するためには，業務の有識者に加え，データ・サイエンティストがこのプロセスに参加することが望ましい。適切に利活用するためには，倫理は元より，安全性（人の命，身体，財産への配慮），情報セキュリティ，プライバシー，知的財産権等の有識者がこのプロセスに参加することが望ましい。

　結果の精度の検証は困難な面があるが（特にディープラーニングAIの場合），AIの提供した結果とあらかじめ予想した結果との乖離が大きい場合や，結果を利活用した成果が組織体の期待する水準と乖離が大きい場合など，AIシステム運用者に連絡を取って協議することが必要である。この場合の原因としては，①組織体があらかじめ行った結果の予測や期待した成果に誤りがあった（過剰な期待），②AIに提供されたデータ（学習プロセスand/or本番）の質・量に問題があった，③AIのアルゴリズムに問題があった等が考えられる。

　結果の適切性には，AIが暴力的な表現，差別発言，ヘイトスピーチ等の

195

倫理やコンプライアンスに反することを行っていないかの検証も含まれる。

　AI利活用・管理の継続的な改善を図る点では，AIの組織体への貢献度等評価について，適切な最終責任者を設置し，適切な評価規準（KGIとKPI等）を設けて，継続的に評価し，評価結果に基づいて，組織体として適切に改善・是正を行うことが必要である。

5 AI利活用に係るリスク

　AI利活用に係るリスクの第一は，AIがAI導入目的を果たしていない，あるいは目標水準に達していないことである。

　しかしながらそれ以外にも組織体にマイナスの影響を与えるリスクが存在する。前述の総務省AIネットワーク社会推進会議の「AI利活用ガイドライン」は，内閣府統合イノベーション戦略推進会議が公表した「人間中心のAI社会原則」を踏まえて，10個のAI利活用原則を提案しており，これらの利活用原則は，AI利活用に係るリスクを顕在化させないための原則でもある。

　この原則をAI利用者に関連するリスクに焦点を当てて説明していく。

◎図表6-6　AI利活用原則（総務省「AI利活用ガイドライン」）◎

① 適正利用の原則
② 適正学習の原則
③ 連携の原則
④ 安全の原則
⑤ セキュリティの原則
⑥ プライバシーの原則
⑦ 尊厳・自律の原則
⑧ 公平性の原則
⑨ 透明性の原則
⑩ アカウンタビリティの原則

① 適正利用の原則は，AI運用者とAI利用者の間のやり取りが公平な条件下でなされないリスクやAIが不正や不適当な目的や手段で用いられるリスクに対処する原則である。

② 適正学習の原則は，利用者およびデータ提供者がAIシステムの学習等に用いるデータの質・量が不十分であり，AIが適正な学習をできないリスクに対処する原則である。

③ 連携の原則は，AI運用者，データ提供者，AI利用者がAIシステムまたはAIサービス相互間の連携（AIシステムのネットワーク化等）によって生じる，または増加するリスクに対処する原則である。

④ 安全の原則は，AI利用者が，AIシステムまたはAIサービスの利活用により，アクチュエータ等を通じて，AI利用者および第三者の生命・身体・財産に危害を及ぼすかもしれないリスクに対処する原則である。アクチュエータとは，動作させるものの意味で，テクノロジーの分野では，機械を動かす稼動源を指す。例えば，病院において，患者の患部画像をディープラーニングAIが認識して，アクチュエータを通してロボットが作動する。

⑤ セキュリティの原則は，AI利用者およびデータ提供者のAIシステムまたはAIサービスの情報利活用に伴って生じるまたは増加する情報セキュリティに係るリスクに対処する原則である。

⑥ プライバシーの原則は，AI利用者およびデータ提供者が，AIシステムまたはAIサービスの利活用において，他者または自己のプライバシーを侵害されるかもしれないリスクへ対処する原則である。

⑦ 尊厳・自律の原則は，AI利用者は，AIシステムまたはAIサービスの利活用において，人間の尊厳や個人の自律を損なうリスクを対処する原則である。

⑧ 公平性の原則は，AIシステムまたはAIサービスの判断にはバイアスが含まれる可能性があり，AIシステムまたはAIサービスのそのような判断によって，AI利用者や AI運用者，およびデータ提供者が，個人および集団を不当に差別してしまうかもしれないリスクに対処する原則である。

⑨　透明性の原則は，AI利用者やAI運用者が，AIシステムやAIサービスの入出力等の検証可能性及び判断結果について，説明できないリスクに対処する原則である。入出力等のログや記録等を保存することが必要である。

⑩　アカウンタビリティの原則はAI利用者が，ステークホルダーに対しAI利活用の適切性について説明できず，ステークホルダーからの信頼を得られないリスクに対処する原則である。

　AI利活用の最終責任者は，これらのリスクに適切に対応し，これらの原則に適合できるように管理体制を構築する必要があり，取締役会も必要に応じてこの管理体制について監視，監督する必要がある。

コラム6-⑧　生成AI

　生成AIとは，ディープラーニングの手法を用いて，文章，画像，動画，音楽等のコンテンツを創作・生成できるAIである（図表6-5）。

　生成AIには２つのタイプがあり，AIにプロンプトを入力することによりAIが回答やコンテンツを生成するタイプと，画像などの多量の学習データを読み込ませることにより，AIが特徴等を識別し，新しい画像等のコンテンツを生成するタイプである。プロンプトとは，AIに入力する依頼や指示等をいい，プロンプトの差で生成物にも差が生じる。

　生成AIの利活用により，人的資源を必要とする作業の一部を自動化でき，生成物も価値を提供するため，効率性，生産性等が高まることより，昨今急速に利活用されてきている。

　一方，生成AIの利活用においては，次の点に注意が必要である。

〇生成AIが虚偽やバイアスのかかった情報を生成する可能性

〇著作権に抵触する可能性

〇情報漏えいの可能性

〇生成AIが悪用される可能性

　・マルウェア（ランサムウェア等）の作成

　・偽画像や偽動画等偽情報の作成

　・偽レターや偽メールの作成（フィッシング等に利用），等

> 生成AIは大変便利で有益なツールであるが，利活用に伴う懸念やリスクをよく勘案して利活用の体制を構築（整備，運用）していく必要がある。

6 AI利活用に係る監査

　AIの利活用は，DX推進の一部でもあるので，前述したDX推進の監査の中で監査することも，DX推進の監査のフレームワークを活用してAI利活用の監査を独立して実施することも可能であるが，AI利活用の特異性もあることから，AI利活用に特化した監査アプローチの採用も可能である。

　例えば，AIの導入目的や目標の達成状況，AI利活用原則への適合状況（リスクへの対応状況），継続的な改善状況の観点から検証・評価していくアプローチである。具体的な検証・評価の視点については，第Ⅲ節のチェックリストを参照されたい。

Ⅲ まとめ

　以上，DXの推進とAIの利活用について，その要点と監査のあり方について説明してきた。

　DXの推進では，組織体にとっての価値の創造や向上のために何ができるかをビジネスとテクノロジーを一体として考えていくことが重要であると説明した。DX推進に係る管理と監査のポイントは，次のチェックリストのとおりである。

【DX推進に係るチェックリスト】

カテゴリー		検証事項
1．統制環境（適切な意思決定と監督）	(1) 取締役会や経営者は，DXの推進についてコミットしているか？	・取締役会はDX推進ビジョン，基本方針を決議し，組織体のDXの推進状況を監視・監督しているか？ ・経営者はDX推進の戦略や計画の意思決定を行っているか？ ・経営者はDX推進を牽引し，またその推進状況を監視しているか？
	(2) 取締役会や経営者は，DX推進のための組織・体制を適切に構築し，適切に人員配置を行っているか？	・経営者は，全社としてのDX推進統括部署（責任者）を明確にしているか？ ・DX推進を行う部署とリスクを管理しようとする部署が適切に協議して取り組める体制となっているか？ ・組織体の各部署のDX推進に対し指導・監督する部署，業務委託先管理を行う部署は明確か？ ・全社的なDX推進と管理のための人員配置は適切か？ ・全社的DXの推進状況，構築した組織・体制の有効性についてガバナンスとして定期的および必要に応じて検証する仕組みは構築されているか？
	(3) 取締役会や経営者は，事業目的の達成具合やリスク・エクスポージャー等の状況を適切にモニタリングしているか？	・全社的なDX推進による組織体への効果やリスク・エクスポージャー等について把握できる仕組みは構築されているか？ ・全社的なDX推進状況，DX推進による組織体への効果やリスク・エクスポージャー等について，測定尺度（KGI，KPI）はガバナンスの観点から設定されているか？ ・全社的なDX推進による組織体への効果やリスク・エクスポージャー等について把握できる仕組みや，全社的なDXの推進状況，DX推進による組織体への効果やリスク・エクスポージャー等の測定尺度（KGI，KPI）を定期的および必要に応じて見直す仕組みは構築されているか？
2．目的の設定（より詳細な全社的目的・目標の設定，各部署の目的・目標の設定）	(1) 経営者は，DX推進に伴う可能性（効果，便益等）について適切に検討しているか？	・経営者は，DX推進について総合的なビジョンや経営計画の中で検討しているか？ ・DX推進について，PESTLEの観点からの情報，DX推進の好事例等の適切かつ十分な情報を踏まえて，検討しているか？ ・ある分野でDX推進を行わないことを決定した場合でもその検討プロセスに係る情報を適切に保存しているか？ （DX推進を不採用とする判断とDX推進を無視することは別）
	(2) 経営者および各部署の管理者は，DX推進の可能性に基づき，推進の目的・目標を適切に設定しているか？	・経営者は，ビジョンや基本方針に基づいて，DX推進についてのより詳細な全社的な目的や目標を業務執行の立場から適切に設定しているか？ ・全社的な目的・目標達成のためのDX推進戦略は適切かつ十分な情報に基づき立案されているか？ ・各部署の管理者は，DX推進についての全社的な目的や目標に基づき，各部署の目的や目標を適切に設定しているか？ ・各部署の目的・目標達成のためのDX推進戦略は適切かつ十分な情報に基づき立案されているか？ ・経営者や管理者は，DX推進のためのITの選択を適切に決定しているか？ ・経営者および管理者は，DX推進の目的や目標の達成具合を評価するための，業務執行の観点からのより詳細な測定尺度（KGI，KPI）を適切に設定しているか？

第6章　DX推進，AI利活用に係る監査

3．事象の識別（全社的な機会とリスクの識別，各部署の機会とリスクの識別）	経営者および各部署の管理者は，DXを推進した場合の事業機会とリスクについて適切に検討しているか？	・DX推進戦略実施に伴う事業機会について適切に識別しているか？ 　（全社的レベルおよび各業務プロセス，各部署等において の活用の可能性，他社での好事例を参考，等） ・DX推進戦略実施に伴うリスクについて適切に識別しているか？ 　（ニュービジネスの失敗，効果不十分，効率性未達，情報 セキュリティリスク，等） ・事業機会やリスク評価を行うために適切な測定尺度を設定 しているか？
4．リスクの評価（全社的なリスクと各部署のリスクの分析・評価）	経営者および各部署の管理者は，事業機会とリスクの識別に基づいて，DX推進戦略実施に伴うリスクを適切に評価しているか？	・ソーシャルメディア活用に係るリスクの分析および評価の 指標は適切か？ ・リスクの評価は，定期的および必要に応じて適時に見直さ れているか？ ・リスク評価の指標やプロセスは，定期的および必要に応じ て見直され，継続的に改善が図られているか？
5．リスクへの対応（リスクの評価に基づくリスクへの対応方針の決定）	経営者および各部署の管理者は，各々，DX推進戦略実施に伴う事業機会とリスク評価を踏まえて，リスクへの対応について適切に意思決定しているか？	・意思決定のための情報にはDX推進戦略実施に係る事業機会 の可能性とリスク評価が適切に含まれているか？ ・経営者や各部署等のDX推進戦略実施に係るリスクへの対応 に関する意思決定は合理的か？（リスクは受容するのか， 回避するのか，共有するのか，低減するのか？） ・経営者や管理者は，リスクへの対応についての意思決定の 合理性について，自らの説明責任を果たせるか？
6．統制活動（適切な管理活動の実施）	(1) DX推進戦略は適切に遂行されているか？	・DX推進の状況は測定尺度に基づき適切に管理されているか？ ・目的や目標の達成が不十分な場合は適切に是正措置がなさ れているか？
	(2) リスク許容限度が適切に設定され，リスクは許容限度内に収まっているか？	・リスク許容度は測定尺度に基づき適切に設定されているか？ ・リスク量は測定尺度に基づき適切に評価され，全社として また各関連部署が許容限度内に収まるように管理している か？
	(3) リスク管理のための組織的コントロールは適切か？	・リスク管理のための組織・体制は機能しているか？ 　（既往のコンプライアンスやリスク管理の組織・体制との 整合性や連携・調整） 　（IT，データ・サイエンス，法令・規制等の制改廃の動向， DXの動向，評判や事故等をフォローする仕組み） ・リスク管理のため規程や手順・マニュアル等は適切でかつ 定期的にまた必要に応じて見直されているか？ 　（既往のコンプライアンスやリスク管理の規程等との整合 性や連携・調整） 　（IT，データ・サイエンス，法令・規制等の制改廃の動向， DXの動向，評判や事故等に対応した適時適切な規程等の見 直し） ・DX推進に係る問題やレピュテーショナル・リスクが発生し た場合の対応手続は適切に決められ，適時に見直されてい るか？

	(4) リスク管理のための人的コントロールは適切か？	・DX推進の統括管理部署は各プロセスや各部署のDX推進状況に対し，十分に監視しているか？ （活動の実態と動向，管理状況，評判，事故の有無等） ・各部署のDX推進要員に対する教育・訓練は適切か？ ・DX推進に係る業務委託先に対する管理は適切か？ ・DX推進・管理に係る規程等の社内役職員への周知徹底と教育・訓練は適切か？ ・推進するDXが社外の人々との協働が必要な場合，社外の人々に対するコミュニケーションや周知徹底は適切か？ ・DX推進に係る問題やレピュテーショナル・リスクが発生した場合の対応手続は役職員に適切に周知徹底されているか？
	(5) リスク管理のための技術的コントロールは適切か？	・推進しているDXは利活用者や役職員からみて，使いやすいものとなっているか？ ・DX推進に係る情報セキュリティは適切か？
	(6) リスク管理のための物理的コントロールは適切か？	・DX推進のために利活用する機器の維持，保管や管理は適切か？
7．情報と伝達（情報の品質と適時適切な伝達，組織体内の上下・水平，組織体内外の伝達）	(1) DX推進に係る外部環境の変化を適時適切に入手し，伝達する仕組みは適切に整備・運用されているか？	・DX推進に係る最新の情報を適時適切に入手し，社内の適切な場所に伝達される仕組みが適切に整備・運用されているか？ （PESTLEの観点からの情報等）
	(2) 経営者等から現場や社外への伝達は適切に行われているか	・DX推進に係る取締役会や経営者の意思決定が適時適切に伝達されているか？ ・DX推進に係る基本方針，規程，手続や業務連絡等が適切に伝達され周知徹底が図られているか？ ・DX推進・管理・利活用に関する教育・訓練が社内に役職員に対して適切に行われているか？ ・必要に応じてDX利活用に係るルールや手続きの遵守事項や要請事項を社外の人々に適切に伝えているか？
	(3) 現場や社外からの情報は適切に報告されているか？	・DX推進に係る現場での評判，苦情，ヒヤリハットが社内の適切な部署に報告され，対応がなされているか？ ・DX推進に係る自社，他社の事故や不祥事等が社内の適切な部署に報告され，対応がなされているか？
	(4) DX推進に係る事故，不祥事等発生時の情報開示の仕組みは適切か？	・当局等に報告すべき事項は明確であり，報告の仕組みは整備されているか？ ・外部等への情報開示の判断権限者は明確であり，情報開示の仕組み，手順等が整備されているか？

第6章　DX推進，AI利活用に係る監査

8．モニタリング活動（「3本のライン」の有機的な組み合わせ）	(1) ソーシャルメディアの統括管理部署の管理，および活用する各部署の現場管理・監督は適切か？	・DX推進統括管理部署および活用部署の各々が管理や監督すべき事項は明確か？ ・測定尺度による管理を含め監督が適切に行われており，その結果は適切に記録され，保存されているか？ ・管理・監督により指摘された点は適切に改善・是正がされているか？
	(2) コンプライアンス部署，リスク管理部署等による監視活動は適切か？	・コンプライアンスやリスクの管理部署によって，DX推進の統括管理部署や各活用部署の現場管理・監督の妥当性，有効性について，適切に監視されているか？（測定尺度による改善状況の監視を含む） ・監視活動により発見された脆弱性，不備は適切に報告され，統括管理部署や各活用部署で対応されているか？ ・監視活動の結果については適時適切に経営者に報告されているか？
	(3) DX推進に係る内部監査は適切に行われているか？	・内部監査は現場の管理・監督およびコンプライアンス，リスクの管理部署等の管理状況を適切に検証・評価しているか？ ・内部監査は，DX推進のモニタリングにおいて，組織体の他のモニタリング機能と適切に連携しているか？ ・内部監査の結果については，適時適切に経営者や取締役会等に報告されているか？
	(4) 取締役会，経営者，監査役等による監視・監督/監査は適切に行われているか？	・経営者は，適切にDXを推進していくために，DX推進状況を適切に把握しているか？　また把握したDX推進状況やその他DXに関する情報を取締役会に適切に報告しているか？ ・取締役会は，DX推進に係る意思決定や指示を適切に行うための情報を定期的に入手しているか？ ・監査役等は，DX推進に係る組織体の状況，取締役や経営者の職務の遂行状況を適切に監査しているか？
9．継続的改善	(1) PDCAは適切に回転しているか？	・監視活動により発見や指摘された対応すべき事項は適時適切に改善・是正がなされているか？ ・事業機会の活用具合とリスクの管理状況についての測定尺度の数字は適時に見直され，適切に改善されているか？ ・取締役会や経営者は継続的改善の状況に対して適切に監視し，対応しているか？

　また，AIの利活用では，AIは大変有益な1つではあるものの，人間の幸福を脅かすツールにもなりえるので，適切に管理して利活用することを説明してきた。AIの利活用はDX推進の一部であるので，AIの利活用にもDXに係るチェックリストは活用できるが，AIの特異性を踏まえて，AI利活用に係るチェックリストを次のとおり用意した。

【AI利活用に係るチェックリスト】

カテゴリー	検証事項
1．統制環境	・取締役会や経営者はAIの利活用の目的やAIの利活用に係るリスクを理解し，AIの適切な利活用について，コミットしているか。 ・組織体はAIの利活用が組織体の目的達成への支援だけでなく，人間の尊厳が尊重される社会の構築のためにあることを認識しているか。 ・組織体は，AIの利活用に係る管理体制（組織的，人的，技術的，物理的）を整備して，運用しているか？
2．適正利用の原則	・AIは適切な範囲，用途，方法での利活用となっているか。 ・AIの利活用において，人間の不適切な判断が介在していないか。 ・AIを適正に利活用するために組織体内外の関係者の協力を得ているか。
3．適正学習の原則	・AIの学習等に用いるデータは質・量ともに適切か。 ・データの取り扱いは，倫理，法令上および情報セキュリティ上適切か。
4．連携の原則	・AIの適正な利活用のために，組織体内外の関係者間の連携は適切か。 ・適切な連携のために，データ形式やプロトコル等の標準化を進めているか。 ・連携のネットワーク化により生じる課題やリスクに適切に対応しているか。
5．安全の原則	・AIの利活用においては，人の生命，身体，財産への影響を勘案しているか。
6．セキュリティの原則	・AIの特徴を踏まえた情報セキュリティ体制を構築しているか。 ・情報セキュリティ体制構築のために組織体内外の関係者と必要に応じて連携しているか。 ・AIの学習モデルに対するサイバー攻撃等への対策はできているか。
7．プライバシーの原則	・AIの利活用においては自己，および他者のプライバシーを尊重しているか。 ・個人の情報やデータを収集，処理や活用，提供において，プライバシーを尊重し，侵害していないか。
8．尊厳・自立の原則	・AIの利活用において組織体自身の自律性と他者の尊厳を保っているか。 ・AIの利活用においては，AIに意思決定や感情が操作される可能性や，AIに過度に依存するリスクを意識して対応しているか。 ・AIと人間の脳などの身体とを連携する際は，生命倫理等について勘案しているか。 ・AIを利用してプロファイリングを行う場合は，対象者に生じる不利益等を考慮しているるか。
9．公平性の原則	・AIに入力するデータは代表性を維持しているかについて勘案しているか。 ・AIに用いられるアルゴリズムによっては，AIの判断にバイアスが生じる可能性があること認識して，AIの提供する結果を用いているか。 ・AIの提供した結果の利活用については，社会的文脈や合理性の観点から人間が適切に判断しているか。（AIの判断にバイアス等がある可能性への対応）
10．透明性の原則	・AIの入出力等のログ等の記録は適切に適切な期間保存しているか。 ・必要な場合は，AIの動作や判断について，適切な範囲で説明できるか。（アルゴリズムやソースコード等の知的財産や個人情報開示等を想定するものではない。）
11．アカウンタビリティの原則	・組織体はAIの利活用に係る基本方針を作成しており，適切な場合は公表しているか。 ・組織体は，必要に応じてステークホルダーに対してAIの利活用について説明できるか。
12．継続的改善	・取締役会や経営者はAIの利活用について，適切に監視・監督しているか。 ・AIの利活用状況について，測定する定性的指標や定量的指標を設けて，適切な者がモニタリングをしているか。 ・AIの利活用に係る不備や課題が識別された場合は，適切に改善・是正を図っているか。

参考文献

一般社団法人日本内部監査協会編［2015］『IT監査とIT統制（改訂版）─基礎からネットワーク・クラウド・ビッグデータまで─』同文舘出版。

一般社団法人日本内部監査協会編［2021］『内部監査人のためのIT監査とITガバナンス（補訂版）』同文舘出版。

占部都美著［1974］『近代組織論（1）』白桃書房。

経済産業省［2023a］「システム監査基準」。

経済産業省［2023b］「システム管理基準」。

経済産業省［2024］「デジタルガバナンス・コード3.0」。

経済産業省AI原則の実践の在り方に関する検討会 AIガバナンス・ガイドラインWG［2022］「AI原則実践のためのガバナンス・ガイドライン Ver.1.1」。

公益財団法人日本内部監査研究所「内部監査の将来について考える研究会」［2024］「報告書 価値創造に貢献する内部監査─戦略に貢献する内部監査への進化と提言─」。

國領二郎・三谷慶一郎・価値創造フォーラム21［2017］『トップ企業が明かすデジタル時代の経営戦略』日経BPマーケティング。

総務省AIネットワーク社会推進会議［2019］「AI利活用ガイドライン─AI利活用のためのプラクティカルリファレンス」。

田中亘［2021］『会社法（第3版）』東京大学出版会。

内閣府統合イノベーション戦略推進会議［2019］「人間中心のAI社会原則」。

根来龍之監修／早稲田大学IT戦略研究所編［2005］『デジタル時代の経営戦略』メディアセレクト。

保科学世［2020］『AI時代の実践データ・アナリティクス』日経BPマーケティング。

吉武一［2021］『ロジカル内部監査)』同文舘出版。

Casadesus-Masanel, R. and J. E. Ricart［2010］From Strategy to Business and onto Tactics, *Long Range Planning* Vol.43 Iss.2, Elsevier Ltd.

Chaffey, D. and F. Ellis-Chadwick［2012］*Digital Marketing Strategy, Implementation and Practice, Fifth edition*, Pearson Education Limited.

The Committee of Sponsoring Organizations of Treadway Commission［2013］*Internal Control Integrated Framework.*（八田進二，箱田順哉監訳［2014］『内部統制の統合的フレームワーク』日本公認会計士協会出版局。）

The Committee of Sponsoring Organizations of the Treadway Commission［2017］*Enterprise Risk Management ─ Integrating with Strategy and Performance.*（一般社団法人日本内部監査協会・八田進二・橋本尚・堀江正之・神林比洋雄監訳／日本内部統制研究学会COSO-ERM研究会訳［2018］『COSO全社的リスク・マネジメント─戦略とパフォーマンスとの統合─』同文舘出版。）

March, J.G. and H.A. Simon［1958］*Organizations*, John Wiley ＆Sons, Inc.

OECD［2019］"Recommendation on Artificial Intelligence."

The Institute of Internal Auditors［2017］*International Professional Practices Framework.*（一般社団法人 日本内部監査協会訳［2017］『専門職的実施の国際フレームワーク』。）

The Institute of Internal Auditors［2024］"Global International Standards."（The Institute of Internal Auditors訳［2024］『グローバル内部監査基準』。）

ISACA［2012］COBIT5: A Business Framework for the Governance and Management of Enterprise IT.

ISACA［2019］COBIT 2019 Framework: Governance and Management Objectives.

The IT Governance Institute［2003］*Board Briefing on IT Governance, 2nd Edition.*（日本ITガバナンス協会訳［2007］「取締役のためのITガバナンスの手引（第2版）」。）

The IT Governance Institute［2007a］COBIT4.1.（日本ITガバナンス協会訳［2007］「COBIT4.1」。）

The IT Governance Institute［2007b］*IT Governance Implementation Guide: Using COBIT® and Val IT™ 2nd Edition.*（日本ITガバナンス協会訳［2010］「ITガバナンス導入ガイド 第2版―COBIT®とVAL IT™の利用―」。）

終 章

IT監査の展望

　組織体運営において，IT監査がますます重要になっている中で，組織体内外の変化に合わせてIT監査も適切に対応し，前進していく必要がある。本章では，DX時代に期待されるIT監査のあり方を展望する。

　Ⅰ　統合的監査
　Ⅱ　DX時代の監査
　Ⅲ　まとめ

統合的監査

　序章でも述べたとおり，IT監査を巡る環境の変化が激しい。社会はサスティナビリティの推進が1つの大きな潮流となっており，会社等の組織体は，公共の利益やステークホルダーとの関係性を一層配慮した運営が求められている。また，第6章のコラムで紹介したように，ビジネスの社会において，ロングテール戦略やスマート・ファクトリー等，ITシステムとOTシステムを連携させた様々なビジネスの設計がされ，DXの推進がなされている。

　こういったITを取り巻く環境変化やITの活用の拡大に対応して，IT監査も内容を一層向上させ，成長させていく必要がある。終章では，こうした視点からDX時代に相応しい監査のあり方について，いくつかの提言をし，その具体的な内容について説明する。

　そこで最初の提言として，統合的監査の実施を提案し，具体的にはITシステムとOTシステムの統合的監査と，業務監査とシステム監査の統合的監査について説明する。

1 ITシステムとOTシステムの統合的監査

　コラム6-②では，スマート・ファクトリーについて簡単に説明した。生産等の現場では，センサーや湿・温度計等によって収集された情報がOTシステムによって様々なデータに生成されて，そのデータがITシステムに送られて分析され，さらにその分析結果に基づいてITシステムが指示し，OTシステムが装備されたロボット等の産業システムが効果的・効率的に作動している。

　このOTシステムとITシステムが連携するメリットは，①情報の迅速かつ

終章 | IT監査の展望

連続的な把握，②デジタルデータの分析結果がもたらす付加価値の継続的な向上，③産業システムの生産性や有効性の向上の可視化等にある。

まず情報の迅速かつ連続的な把握とは，OTシステムを活用することによってセンサー等で認識した情報を人がパソコン等のITシステムに入力する必要がなく，自動的にリアルタイムでデジタルデータとしてITシステムに伝達されること，かつOTシステムが稼働している限りは絶え間なく連続的にデジタルデータ情報がITシステムに伝達されることである。

また，デジタルデータの分析結果がもたらす付加価値の継続的な向上のプロセスは次のとおりである。まずITシステムはOTシステムから受け取ったデジタルデータを分析してOTシステムに指示を出し，その指示に基づきOTシステムが装備された産業システムが稼働する。次にITシステム指示に基づく産業システムの稼働の結果（生産性，不良率等）はOTシステムが生成するデジタルデータによりITシステムにフィードバックされ，ITシステムは自ら行ったデジタルデータの分析や指示の有効性を評価し，継続的に改善していくことになる。

さらに，産業システムの生産性や有効性の変化は，OTシステムとITシステムがやり取りするデジタルデータによって可視化されているので，人はデジタルデータの変化を見ることにより認識できることになる。産業システムの生産性や有効性が期待したほど向上しない場合は，OTシステムに提供する第一次の情報に課題があるのか，OTシステムの第一次情報のデジタル化に課題があるのか，ITシステムの分析に課題があるのか等のレビューを行い，改善をしていくことになる。

したがって，スマート・ファクトリーにおいて，生産性の向上を監査する場合には，ITシステムの監査だけでは十分とはいえず，ITシステムとOTシステムの両システムを検証・評価し，さらに両システムの連携についても検証・評価する統合的監査を実施する必要がある。海外では，ITシステムとOTシステムの両方を含む概念としてテクノロジーという用語が使われ，テクノロジー監査という用語も用いられている（例えば，IIAは"Global

209

Technology Audit Guide"というガイダンスを公表している)。

なお，スマート・ファクトリーにおいてITシステムとOTシステムに対して統合的監査を実施する場合には，上記のデジタルデータの有効利活用の観点だけでなく，ITシステムとOTシステムを繋ぐネットワークの適切性，情報セキュリティ等についても検証・評価する必要がある。

ネットワークに障害が発生してしまっては，ITシステムとOTシステムが連携できないので，耐障害性の高いネットワーク構成にする必要がある。

また，OTシステムもサイバー攻撃の対象となってきていることから，OTシステムにおいても適切な情報セキュリティ体制の構築が必要である。

2 業務監査とシステム監査の統合的監査

業務プロセスにおいてITによる処理と人的処理が一体化した業務処理が一般化する中で，監査においても，「業務監査」とIT監査を一体として監査するいわゆる「統合的監査」の重要性が叫ばれている。ここでいう「業務監査」とは，IT監査も含めた広義の業務監査において，IT監査だけを切り離して監査を実施し，通常の業務監査（狭義）はIT監査以外の領域を監査する，という「業務監査」を意味している。

例えば，ある部署における情報セキュリティ監査において，紙ベースの情報セキュリティとITシステムベースの情報セキュリティを別々に監査した場合，監査範囲の網羅性を達成できず，紙とITシステムのインターフェイスの部分の監査が抜け落ちるリスクが発生する。そのような監査リスクの防止も含めた，効果的かつ効率的な監査形態として，紙とITシステムを一体的に検証・評価する「統合的監査」が推奨されているのである。

また，この「統合的監査」を効果的・効率的に行うためには業務を熟知している監査人とITシステムに熟知している監査人が共同して監査を行うことが重要である。他にも例えば，BPR（Business Process Reengineering）や業務継続（第4章参照）等の監査においても，「業務監査」とIT監査の「統

終章 | IT監査の展望

合的監査」が必要になっている。

BPRとは，業務の目的をより効果的・効率的に達成するために，現行の業務のプロセスを抜本的に見直し，業務フローとITシステムを一体的に考えて，業務プロセスを再設計することをいう。

BPRは通常，検討（BPRの目的，メリット等を踏まえて検討する段階），分析（BPRの対象範囲の業務フローを把握し分析する段階），設計（具体的に業務プロセスの再設計を行う段階），実施（設計に従って，BPRを開始する段階），モニタリング（開始した新業務プロセスの有効性・効率性等をモニタリングし，継続的に改善していく段階）のプロセスを通して進められていく。

BPRを成功裏に行うためには，各業務プロセスにおいて，人的処理とITによる処理を一体的に考えて，分析，設計，実施，改善していく必要がある。BPRを適切に行うためのITシステムについては，新しくITシステムを開発することもあり得るが，通常はERP（Enterprise Resources Planning）システムといわれる既製のシステムが利用されることも多い。ERPシステムとは，企業の持つ資源＝「人」「物」「金」「情報」を1か所に集めて管理し，活用するためのシステムを指し，在庫管理，購買管理，生産管理，販売管理，会計管理，人事管理等のシステムを統合し一元管理するシステムである。

ERPシステムは既製のシステムであるので，新たにITシステムを開発する場合に比べて迅速に導入でき，コストも少なくて済む。ただし，このERPシステムを活用してBPRを進めていく際に，次の点に注意する必要がある。

① 業務プロセスのあるべき姿は部分最適でなく全体最適で考えること。
② ERPシステムは，現行の業務プロセスでなくあるべき姿に沿って導入すること。
③ 業務プロセスにおける各業務フローの設計においては，導入するERPシステムの要件定義ができるまでに具体的に設計する必要がある。

まず①について，組織体の部署ごとに仕事の方法が違い，部署ごとに様々

な要求をしてくると，それに応じてERPシステムも様々な機能追加（アドオン）をせざるを得なくなり，有する時間もコストも増加することになる。そのため部署ごとの部分最適を求めるのではなく，組織体全体としてできるだけ仕事の方法の標準化を図り，組織体としての全体最適を考えた業務フローを設計する必要がある。

　次に，②であるが，ERPシステム導入時によくある議論は，現行の業務フローとERPシステムの機能を比較して，業務フローとERPシステムの機能が相容れない部分について，ERPシステムをアドオンして現行の業務フローに合わせるのか，ERPシステムの機能に合わせて業務フローを変更していくのかという議論である。業務フローをERPシステムに合わせると業務の実態に合わない業務処理になり日常の業務が非効率になる懸念が生じ，業務フローにERPシステムを合わせると時間もコストも増加することになる。多くの場合，①の全体最適の観点で設計した業務フローをあるべき姿として，できる限りそのあるべき姿に沿ってERPシステムを導入していくことが重要である。

　さらに，導入するERPシステムの要件定義が適切に行われる必要があり，そのためには③の各業務フローの設計がERPシステムの要件定義ができるまでに具体的である必要がある。

　したがって，①〜③を適切に行うためには業務フローとITシステムを一体的に取り扱うことが必要であり，監査も「業務監査」の担当者とIT監査の担当者が適切にかつ継続的に一体となって統合的監査を実施すべきである。

　また，さらにいうなら，前節1で述べたとおり，OTシステムの利活用と管理も重要であることから，「業務監査」とIT監査にOT監査も加えた統合的監査の実施についても検討するべきである。

終章 | IT監査の展望

DX時代の監査

　組織体を取り巻く環境の変化は，IT監査の対象を広げ，さらにはIT監査の一層の高度化を求めている。この節では，IT監査が直面する新しい課題対する考え方，関連する施策について提案し，説明していきたい。

1 未知との遭遇（新しい課題）への対応

　IT監査は今後も新しい課題に直面していくことが予想できるが，ここでは，新しい課題として，IT監査の対象領域の拡大とDX監査について，それぞれ第1章，第6章とは違った側面から説明していく。

(1) IT監査の対象領域の拡大とリスク・アプローチ

　前節で，「業務監査」とIT監査の統合的監査について説明した。IT監査は個別のITシステムに監査の焦点を置くこともあるが，「業務監査」とIT監査の統合的監査の場合は，個別のITシステムが利活用されている業務プロセスを監査することになる。ここで注目すべきは，個別のITシステム単位でリスク評価をするのと，業務プロセス単位でリスク評価をするのでは，リスク評価の結果が変わる場合があるということである。

　極端なケースとして，例えば，ITシステムAとITシステムBがあったとする。ITシステムAは，システムダウン・リスク大だが，人的処理で代替可能であり，一方，ITシステムBは，システムダウン・リスク中だが，人的処理での代替は不可であったとする。このケースで，ITシステムだけを対象としてリスク評価をした場合，ITシステムAがリスク大でITシステムBがリスク中となるが，業務とITシステムを統合してリスク評価をした場合，すな

213

わちITシステムAを活用する業務プロセスAとITシステムBを活用する業務プロセスBを対象として評価した場合，代替手段のある業務プロセスAのリスクが中で，代替手段のない業務プロセスBがリスク大と評価されることもあり得る。このように，業務とITシステムを統合的に監査することとしてリスク評価を行う場合とITシステムだけを対象としてリスク評価を行う場合では，リスク評価の結果が変わってくることがあり，これは，例えば業務継続態勢のリスク評価等において重要なポイントとなる。統合的監査を行う場合に起こり得るこのようなリスク評価の変化は，監査計画策定での監査の優先順序付けにおいて，また監査実施結果の評価において，影響を与える可能性がある。

　さらに，戦略に係る監査の実施に当たり，業務プロセス単位でなく，戦略遂行の観点でリスク評価をすると，実施する各戦略の重要性，戦略実施上のITシステムの位置付け等が，新たにリスク評価の観点に加わるから，業務プロセス単位でのリスク評価とは，リスク評価結果が変わる可能性がある。

　したがって，リスク評価は，監査の目的に合ったリスク評価の単位や視点で，適切にリスクを識別，分析したうえで実施する必要がある。

（2）あるべき姿が必ずしも明確でない場合の監査の考え方

　DX推進に係る監査のあり方については，第6章で説明したが，同章でも説明したように，DX推進に係る監査を難しくしている理由の1つは，あるべき姿や，評価の規準が必ずしも明確でないことである。これはDX推進に係る監査に限らず，新しい課題への監査が往々にして直面する課題である。

　第6章では，監査人は経営者や被監査部署と「満足基準」をともに探求していくことを提案した。ここでは，この探求のプロセスについて，さらに詳しく説明する。

　監査人が経営者や被監査部署と話し合い，「満足基準」をともに探求していくのに役立つロジカル・シンキングのツールがジョハリの窓である。

終章 │ IT監査の展望

コラム終-①：ジョハリの窓

　ジョハリの窓は，心理学者のJoseph LuftとHarrington Inghamによって開発された，自分自身と他人との関係をよりよく理解する手法で，両者の名前から"The Johari window "と呼ばれる。自分自身やその人格を，自分自身が認識していること／認識していないこと，他人が認識していること／認識していないことに分けて，リストアップし，このリストアップから，自身の自己認識と他人による自分の認識のずれを認識する。この認識は，自分自身をより認識でき，他人との関係をより円滑に導く効果があると主張している。

　以下が「ジョハリの窓」の基本的マトリックスである。

	自分自身が 認識していること	自分自身が 認識できていないこと
他人が 認識していること	行動自由の領域 （Area of Free Activity）	盲目の領域 （Blinded Area）
他人が 認識できていないこと	避けられた、 または隠された領域 （Avoided or Hidden Area）	未知の活動の領域 （Area of Unknown Activity）

　ジョハリの窓のフレームワークを監査人と，経営者や被監査部門との話し合いに当てはめてみると**図表終-1**のようになる。フレームワークにある大きな四角形は，縦軸を経営者や被監査部署が認識しているか認識していないかの切り口，横軸を監査人が認識しているか認識していないかの切り口にしたマトリックスで次の4つの領域に分けられている。まず第 i 領域は，経営者や被監査部署も監査人も認識している事項の領域であり，話し合いで新発見がある領域ではない。話し合いの初期にこの領域の事項の話を行い，両者の共通認識事項の確認を行うとともに，共通事項の確認を通じて両者は互いの価値観や思考を理解し，距離感を量り，関係の構築に努めることが多い。

　第 ii 領域は，経営者や被監査部署は認識しているが，監査人は認識していない事項の領域である。この領域については，話し合い等を通じて監査人は

215

被監査部署から情報を入手することになる。この領域に属する，監査人が認識していなかった情報は経営者や被監査部署から本調査の段階でも提供されるが，予備調査の段階で多く得られる。

　第iii領域は，監査人が認識しているが経営者や被監査部署が認識していない事項の領域である。監査人が日常的監視活動，経営者や他部署へのヒアリング，あるいは検証や分析等を行い入手した情報の中で経営者や被監査部署が認識していない情報等を指し，このような情報を提供することにより，経営者や被監査部署は問題の原因分析や解決策の立案のためのヒントが得られたり，改善に向けての励ましを得ることがある。

　第iv領域は，経営者や被監査部署も，監査人も認識していない事項に関する領域である。経営者や被監査部署と内部監査人が協力して問題の真の原因を追求したり，改善策や解決策をともに考えていく話し合いや協議は，この経営者や被監査部署も内部監査人も認識していない領域の事項を協力して認識しようとしている行為といえる。

　「満足基準」は，経営者や被監査部署と内部監査人が協力して探求していくこの第iv領域に属する事項である。

◎図表終-1　監査におけるジョハリの窓◎

	監査人が 認識していること	監査人が認識 できていないこと
経営者や被監査部署が 認識していること	第 i 領域	第 ii 領域
経営者や被監査部署が 認識できていないこと	第 iii 領域	第 iv 領域

　伝統的に，IT監査は，あるべき姿や評価基準が明確な時に，あるべき姿と現状のギャップを分析・評価して結果を報告するのがアシュアランス型（保証型）監査であり，あるべき姿と現状のギャップを踏まえて，依頼人の要請に応えて，現状をあるべき姿に近づけていくために提言等を行うのがアドバ

終章 | IT監査の展望

イザリー型（助言型）監査としてきた。しかしあるべき姿や評価基準が必ずしも明確でない場合も存在し，経営者や被監査部門を話し合いながらあるべき姿や「満足基準」を探求していく監査はダイアログ型（対話型）監査といえるかもしれない。

2 より学際的なアプローチの採用

（1）多様な人材の必要性

　第6章のDX推進に係る監査の説明の中で，DX推進には，経営者，企画担当者，業務の担当者，ITの担当者，データ・サイエンティスト，倫理・コンプライアンスの担当者，情報セキュリティの専門家，法務の専門家等が必要に応じてコミットしなければならないと述べた。監査においても効果的・効率的な監査を実施するためには，これらの分野に詳しい監査人が関与することが必要となってきている。本章で述べたBPR監査においては，各業務部門の詳しい人材を確保するとともに，経理や人事，総務等関連する業務に詳しい人材の確保も必要となる。

　IT監査に求められる範囲の拡大や深化，さらには統合的な監査の必要性の増加等に伴って，IT監査人は上記のような能力を保有している人材，また他の分野の有識者や専門職等の協力や彼らとの連携が必要となってきている。

　内部監査部門がIT監査を担っている場合，IIAの「グローバル内部監査基準」は，「内部監査部門長は，内部監査部門が内部監査基本規程に記載された内部監査を実施するための専門的能力を部門総体として備えていることを確実なものとしなければならず，又は必要な専門的能力を獲得しなければならない。」（基準3.1），「内部監査部門長は，内部監査の戦略を成功裏に実施し，内部監査の計画を達成する適格性のある内部監査人を採用，育成，保持するための手法を確立しなければならない。」（基準10.2）としているが，内部監査部門の中に，上記のような能力を持った人材をすべて揃えることは難しい。

　したがって，いわゆる3線モデル（Three Lines Model）に基づく組織体

217

内の他のモニタリング機能との連携や，三様監査といわれる監査役等および会計監査人との連携，さらには外部の専門家やアウトソースの活用が一層重要になってきている。

（2）監査役等との連携

第1章のガバナンスに係る監査で，IT監査人と監査役等の連携について説明し，IT監査の発見事項や結果等の監査役等への提供は，彼らの監査においても大変有益なものになることを述べた。

ここでは，IT監査を内部監査部門が担うものとして，内部監査と監査役等の連携のメリットについて説明する。

まず監査役等側からみたメリットであるが，①組織体のリスク・マネジメントや内部統制の状況についての客観的な情報が入手できる，②内部監査で識別された不備やリスク管理上の問題点等の真因がガバナンスに起因する場合，監査役等は，その点について自らの監査で確認することができる，③内部監査人と合同監査や連携をした場合，自らの人材不足をある程度補うことができる，等である。わが国においては監査役設置会社から監査等委員会設置会社への移行が増加するなど，いわゆるマネジメント型ガバナンスからモニタリング型ガバナンスの機関設計を行う会社が増加していく中，内部監査の監査役等への情報提供機能はますます重要となっていく。

一方，内部監査人からみたメリットは，①監査役等との情報や意見の交換を通じて，取締役会や経営陣の考えていることをより詳しく知ることができる，②内部監査人が識別した経営上の不備やリスク・マネジメント上の問題点が，監査役等を通じても，取締役会や経営陣に伝わり，取締役会や経営陣に対する説得力が増す，等である。

また，監査役等監査と内部監査が合同で実施されれば，被監査部署も監査対応が1回で済み，監査負担が軽減されることになる。

以上，内部監査と監査役監査の実施上における連携について説明したが，既に，監査の計画や監査の結果についても，情報の交換や報告が進んでいる

218

(内部監査と監査役等監査の連携の詳しい状況は，公益財団法人日本内部監査研究所「第20回監査総合実態調査（2023年監査白書）」に詳しく報告されている）。今後は，これらの連携において質の向上が課題となっていく。監査実施においてどのように連携していくのか，情報の交換においても，どの程度の頻度で，どのくらい有益な内容の情報等を交換していくのかが課題となっていく。

さらに，内部監査人と監査役等およびその事務局員等との共同勉強会や人事交流等も連携の有効な方法の１つとなっていく。

まとめ

以上，本章においては，ITとOTの連携，業務監査とIT監査の一体的監査等の統合的監査の必要性，DX推進に係る監査等あるべき姿が必ずしも明確ではない場合の監査の考え方，また深化や範囲の拡大が進むIT監査において多様な人材の必要性および他のモニタリング機能との連携の必要性を説明した。組織体の目的達成と社会への貢献のためにIT監査の役割はますます重要になっていく。

グローバル内部監査基準の「用語一覧」は，内部監査を「内部監査は，ガバナンス，リスク・マネジメント及びコントロールの各プロセスの有効性を評価，改善するための体系的で，専門職として規律ある手法を用いて，組織体が目標を達成するのを支援する。」と説明している。体系的で，専門職として規律ある手法を用いてIT監査を実施するために，IT監査人は自らの能力を継続的に向上させていくと同時に，その他の領域の有識者等との連携を図っていく必要がある。

参考文献

一般社団法人日本内部監査協会編［2015］『IT監査とIT統制（改訂版）―基礎からネットワーク・クラウド・ビッグデータまで―』同文舘出版。

一般社団法人日本内部監査協会編［2021］『内部監査人のためのIT監査とITガバナンス（補訂版）』同文舘出版。

経済産業省［2023a］「システム監査基準」。

経済産業省［2023b］「システム管理基準」。

公益財団法人日本内部監査研究所［2024］「第20回監査総合実態調査（2023年監査白書）」。

堀江正之・吉武一対談［2023］「これからの内部監査への期待―内部統制基準・実施基準の改訂を受けて―」『月刊監査研究』第49巻第9号。

吉武一［2014］「効果的かつ効率的な内部監査実施のためのコミュニケーションの方法（上）」『月刊監査研究』第40巻第9号。

吉武一［2021］『ロジカル内部監査』同文舘出版。

The Institute of Internal Auditors［2017］*International Professional Practices Framework.*（一般社団法人日本内部監査協会訳［2017］『専門職的実施の国際フレームワーク』。）

The Institute of Internal Auditors［2024］Global International Standards.（The Institute of Internal Auditors訳［2024］「グローバル内部監査基準」。）

ステップアップ

　本書各所の内容についてさらに詳しく学びたい方，興味のある方々等のために，IIAの「専門職的実施の国際フレームワーク」（International Professional Practices Framework：IPPF）やIIA関係団体COSOが公表している文書の中で参考になると思われるものを次のとおり紹介する（2025年2月5日現在）。

　これらの文書は，読者の方々にIT統制やIT監査に係る知識を豊かにかつ体系的に提供すると同時に，効果的・効率的な監査の実践のために役立つ。

序章　ITの発展とIT監査への期待

IT Essentials for Internal Auditors（GTAG）

Developing a Risk-based Internal Audit Plan（GG）

Assessing the Risk Management Process, 2nd Edition（GG）

Engagement Planning: Establishing Objectives and Scope（GG）

第1章　ITガバナンスに係る監査

Auditing IT Governance（GTAG）

Auditing Culture, 2nd Edition（GG）

Improving Organizational Performance and Governance: How the COSO Frameworks Can Help（COSO）

Enterprise Risk Management-Integrating with Strategy and Performance（COSO），2017（一般社団法人日本内部監査協会，八田進二，橋本尚，堀江正之，神林比洋雄監訳［2018］『COSO全社的リスクマネジメント―戦略とパフォーマンスとの統合』同文舘出版）

Internal Control-Integrated Framework（COSO），2013（八田進二・箱田順哉監訳［2014］『内部統制の統合的フレームワーク』日本公認会計士協会出版局）

221

第2章　システム・ライフサイクルに係る監査

IT Change Management: Critical for Organizational Success, 3rd Edition（GTAG）

第3章　情報セキュリティおよびサイバーセキュリティに係る監査

Cybersecurity（Topical Requirements）

Assessing Cybersecurity Risk: The Three Lines Model（GTAG）

Auditing Cyber Incident Response and Recovery, 2nd Edition（GTAG）

Auditing Cybersecurity Operations: Prevention and Detection（GTAG）

Auditing Identity and Access Management, 2nd Edition（GTAG）

Auditing Mobile Computing, 2nd Edition（GTAG）

Auditing Network and Communications Management, 2nd Edition（GTAG）

Auditing Third-party Risk Management（GG）

第4章　業務継続に係る監査

Auditing Third-party Risk Management（GG）

Auditing Cyber Incident Response and Recovery, 2nd Edition（GTAG）

第5章　内部統制報告制度に係るIT統制と監査

Auditing Business Applications（GTAG）

Auditing Cyber Incident Response and Recovery, 2nd Edition（GTAG）

Auditing Identity and Access Management, 2nd Edition（GTAG）

第6章　DX推進，AI利活用に係る監査

Understanding and Auditing Big Data（GTAG）

ステップアップ

終章　IT監査の展望

Integrated Approaches to Internal Auditing（GG）

【補足】

・IPPFは「グローバル内部監査基準」（Global Internal Audit Standards），「トピック別
要求事項」（Topical Requirements），「グローバル・ガイダンス」（Global Guidance：
GG）から構成される。

・GTAG（Global Technology Audit Guides）はGGの一部であるが，特にIT監査に焦点
を当てて作られたGGである。

・Topical Requirementsは2025年2月5日に，最初のTopical Requirementsとして
"Cybersecurity" が公表され，今後，次のようなテーマで順次作成されていくことが公
表されている。

　。第三者（サード・パーティ）に係る監査

　。文化に係る監査

　。ビジネス・レジリエンシーに係る監査

索　引

英数

AIシステム ……………………………… 187
AIシステムの提供する機能 …………… 188
AIに係る定義 …………………………… 186
AI利活用に係るリスク ………………… 196
AI利活用に係る監査 …………………… 199
AI利活用ガイドライン ………………… 196
AI利活用原則 …………………………… 196
ASM ……………………………………… 109
ASP ………………………………… 116, 118

BCM ………………… 118, 121, 127, 130
BCP ………………… 118, 125, 131
BIA ………………… 122, 124, 131
BPR ……………………………………… 210

CDN ………………………………… 94, 104
COSO ERM ……………………………… 182
CSIRT ……………………… 77, 81, 82, 92

DDoS攻撃 ………………………… 94, 104
DMZ ……………………… 87, 102, 103
DX推進上の成功要因 …………………… 170
DX推進に係るリスク …………………… 179
DXの推進方法 …………………………… 169
DXの定義 ………………………………… 166

EDMモデル ……………………………… 20
EDR ……………………………………… 107
EPP ………………………………… 99, 107
ERP ……………………………………… 211
ESG ……………………………………… 23
EUC ……………………………………… 56

FW ………………………… 87, 91, 102

IDS ………………… 90, 91, 99, 102, 103
IPS ……………… 90, 91, 94, 99, 102, 103

ISMS ………………………………… 77, 78
IT（情報技術）への対応 ……………… 139
IT活用による価値の提供 ……………… 22
ITガバナンス …………………………… 40
ITガバナンスに係る監査 ……………… 32
ITガバナンスに貢献する監査 ………… 32
ITガバナンスのイネーブラー ………… 27
ITガバナンスの概念 …………………… 40
ITガバナンスの成功要素 ……………… 24
ITガバナンスの定義 …………………… 19
ITガバナンスの目的 ……………… 21, 27
IT環境への対応 ………………………… 140
IT基盤 …………………………………… 145
IT業務処理統制 ………………………… 141
IT計画 …………………………………… 46
IT資源管理 ……………………………… 23
IT資産の管理 …………………………… 54
ITシステム ……………………………… 6
IT全社的統制 …………………………… 141
IT全般統制 ……………………………… 141
IT戦略 …………………………………… 44
IT投資 …………………………………… 43
IT（の）統制 ………………………… 23, 140
IT統制プロセス ………………………… 45
ITの利用 ………………………………… 140
IT費用 …………………………………… 43
ITマネジメント ………………………… 40
ITリスク・マネジメント ………… 21, 45
ITを活用したコントロール …………… 55

Kanban …………………………………… 60

MITB攻撃 ………………………… 98, 106
MITM攻撃 ………………………… 97, 106

NISTサイバーセキュリティフレームワーク
　2.0（NST CSF 2.0）………………… 78, 79

OTシステム …………………………… 4, 116

224

PDCA ･････････････････････････ 39
PDSA ･････････････････････････ 39
PESTLE ･･････････････････････ 180
Project Management office ････････ 41

QCD ･････････････････････････ 43

RCM ･････････････････････････ 155
RLO ･･････････････････ 123, 124, 129
RPA ･････････････････････････ 56
RPO ･･････････････ 123, 124, 129, 131
RTO ･･････････････････ 123, 124, 129

SAFe® ･･･････････････････････ 60
SDLC ････････････････････････ 38
SIEM ･･･････････････････････ 90, 91
SLA ･････････････････････････ 43
SOC ･･････････････････････ 77, 81, 82
SOCレポート ･････････････････ 154
SQLインジェクション ･･････ 96, 102, 104
SSL ･････････････････････････ 105

TLPT ････････････････････････ 108
TLS ･････････････････････････ 105

UPS ･････････････････････････ 88

Webアプリケーション診断 ･･････････ 108
Webアプリケーションファイアウォール（WAF）
　････････････････････････ 97, 102, 104
WHYツリー ･･････････････････ 30

XSS ･･････････････････････ 97, 104

あ

アウトソース ･･･････････････････ 43
アクセス制御 ･･････････････････ 87
アジャイル ･････････････････ 39, 59
アジャイル型開発モデル ･･････････ 60
アジャイル型開発モデルの
　マネジメント対象 ･･･････････ 59
アジャイル型開発モデルの利点 ･･･････ 70

「アジャイルソフトウェア開発宣言」･･････ 62
アプリケーション・システムに組み込まれた
　統制活動 ･･････････････････ 149
あるべき姿（"TO-BE"）･･･････････ 45, 48
案件管理態勢 ･････････････････ 40
案件責任者 ･･･････････････････ 41
案件体制 ･････････････････････ 42
案件のビジョン ･･･････････････ 64

移行可否の判断基準 ･･･････････････ 52
移行計画書 ･･･････････････････ 53
移行結果報告書 ･･･････････････ 53
移行作業手順書 ･･･････････････ 53
移行体制図 ･･･････････････････ 53
移行プロセス ･････････････････ 52
移行リハーサル ･･･････････････ 54
意思決定プロセス ･････････････ 46
イテレーション ･･･････････････ 64
インシデント ･･･････ 44, 74, 90, 116
インセプションデッキ ･････････ 64

ウォータフォール ･･･････････････ 39
ウォータフォール等従来型開発モデル ･････ 40
運用設計 ･････････････････････ 52

エクストリーム・プログラミング ･･･････ 60
エックスチャート ･････････････ 53

オペレーション指示書 ･･･････････ 55
オペレーションログ ･･･････････ 55

か

開示すべき重要な不備 ･･･････････ 137
開発・調達 ･･･････････････････ 47
開発チーム ･･･････････････････ 61
開発の優先順位 ･･･････････････ 46
開発標準 ･････････････････････ 63
開発モデル ･･･････････････････ 38
外部委託 ･････････････････････ 43
外部設計 ･････････････････････ 52
学際的なアプローチの採用 ･･･････ 217
加工処理 ･････････････････････ 55

監査証拠‥‥‥‥‥‥‥‥‥‥‥‥‥‥‥‥ 66
監査役等との連携‥‥‥‥‥‥‥‥‥‥‥‥ 218

機械学習‥‥‥‥‥‥‥‥‥‥‥‥‥‥‥‥ 187
機械学習とディープラーニングの相違点‥‥ 188
企業文化‥‥‥‥‥‥‥‥‥‥‥‥‥‥‥‥ 173
議事録‥‥‥‥‥‥‥‥‥‥‥‥‥‥‥‥‥ 50
基本計画‥‥‥‥‥‥‥‥‥‥‥‥‥‥‥‥ 52
脅威ベースのペネトレーションテスト
　（TLPT）‥‥‥‥‥‥‥‥‥‥‥‥‥‥ 108
狭義の開発プロセス‥‥‥‥‥‥‥‥‥‥‥ 52
業務影響度分析（BIA）‥‥‥‥ 122, 124, 131
業務継続管理（BCM）‥‥‥ 118, 121, 127, 130
業務継続計画（BCP）‥‥‥‥‥ 118, 125, 131
業務プロセスの目的を達成するための要件
　（業務要件）‥‥‥‥‥‥‥‥‥‥‥‥‥ 49
緊急時対応計画書‥‥‥‥‥‥‥‥‥‥‥‥ 53
緊急時連絡体制図‥‥‥‥‥‥‥‥‥‥‥‥ 55

クラウドサービス‥‥‥‥‥‥‥‥‥‥‥‥ 43
クラウド事業者‥‥‥‥‥‥‥‥‥‥‥‥‥ 43
「グローバル内部監査基準」‥‥‥‥‥‥‥‥ 4
クロスサイトスクリプティング（XSS）
　‥‥‥‥‥‥‥‥‥‥‥‥‥‥‥‥‥ 97, 104
訓練‥‥‥‥‥‥‥‥‥‥‥‥‥‥‥‥‥‥ 54
訓練計画書‥‥‥‥‥‥‥‥‥‥‥‥‥‥‥ 55
訓練結果報告書‥‥‥‥‥‥‥‥‥‥‥‥‥ 55

経営判断の原則‥‥‥‥‥‥‥‥‥‥‥‥‥ 33
計画保守プロセス‥‥‥‥‥‥‥‥‥‥‥‥ 57
継続的モニタリング‥‥‥‥‥‥‥‥‥‥‥ 66
限界値チェック‥‥‥‥‥‥‥‥‥‥‥‥‥ 55
権限規定‥‥‥‥‥‥‥‥‥‥‥‥‥‥‥‥ 48
現状の業務プロセス等（"AS-IS"）‥‥‥‥‥ 48

工程完了に係る判定根拠資料‥‥‥‥‥‥‥ 53
コマンドインジェクション‥‥‥‥‥‥‥‥ 96
コンピュータウイルス‥‥‥‥‥‥‥‥‥‥ 89
コンプライアンス，リスクマネジメント
　（守り）に係る監査‥‥‥‥‥‥‥‥‥‥ 30

さ

サービス品質保証契約（SLA）‥‥‥‥‥‥ 43
サーバ証明書‥‥‥‥‥‥‥‥‥‥‥‥‥ 105
再委託‥‥‥‥‥‥‥‥‥‥‥‥‥‥‥‥‥ 43
最適化の基準と満足基準‥‥‥‥‥‥‥‥ 185
サイバーセキュリティ・インシデント‥‥ 147
サイバーリスク‥‥‥‥‥‥‥‥‥‥ 138, 147
サニタイジング処理‥‥‥‥‥‥‥‥‥‥‥ 96
サプライチェーン攻撃‥‥‥‥‥‥‥‥‥ 101

事業継続ガイドライン‥‥‥‥‥‥‥‥‥ 120
システム・ライフサイクル（SDLC）‥‥‥ 38
システム運用者‥‥‥‥‥‥‥‥‥‥‥‥‥ 52
システム運用要員一覧表‥‥‥‥‥‥‥‥‥ 55
「システム監査基準」‥‥‥‥‥‥‥‥‥ 4, 11
システム監査における倫理‥‥‥‥‥‥‥‥ 9
システム監査の実施に係る基準‥‥‥‥‥‥ 12
システム監査の属性に係る基準‥‥‥‥‥‥ 11
システム監査の報告に係る基準‥‥‥‥‥‥ 13
システム監査の定義‥‥‥‥‥‥‥‥‥‥‥ 5
システム監査の目的‥‥‥‥‥‥‥‥‥‥‥ 7
「システム管理基準」‥‥‥‥‥‥‥‥‥‥ 45
「システム管理基準 追補版」‥‥‥‥‥‥ 144
システム設計書‥‥‥‥‥‥‥‥‥‥‥‥‥ 53
システム分析書‥‥‥‥‥‥‥‥‥‥‥‥‥ 50
施設・関連設備の管理‥‥‥‥‥‥‥‥‥‥ 55
自動収集‥‥‥‥‥‥‥‥‥‥‥‥‥‥‥‥ 66
障害発生／障害対応報告書‥‥‥‥‥‥‥‥ 55
情報（インフォメーション，インテリジェン
　ス）‥‥‥‥‥‥‥‥‥‥‥‥‥‥ 26, 175
情報システム開発案件採択プロセス‥‥‥‥ 47
情報システム開発計画（IT計画）‥‥‥‥‥ 46
情報システムに係る資産（ハードウェア，
　ソフトウェア，ネットワーク等）‥‥‥‥ 55
情報システムの運用管理‥‥‥‥‥‥‥‥‥ 54
情報セキュリティマネジメントシステム
　（ISMS）‥‥‥‥‥‥‥‥‥‥‥‥‥ 77, 78
情報漏えい‥‥‥‥‥‥‥‥‥‥‥‥‥‥‥ 58
職責の分離‥‥‥‥‥‥‥‥‥‥‥‥‥‥‥ 56
助言‥‥‥‥‥‥‥‥‥‥‥‥‥‥‥‥‥‥ 8

ジョハリの窓 ······················· 215
処理結果記録 ······················· 56
真因分析結果報告書 ·················· 53
深層学習 ··························· 187
進捗・品質等の管理ツール ············ 66
進捗会議 ··························· 51
侵入検知システム（IDS）
　 ················· 90, 91, 99, 102, 103
侵入防止システム（IPS）
　 ············· 90, 91, 94, 99, 102, 103

遂行責任 ···························· 7
スクラム ··························· 60
スクラムチーム ···················· 61
スクラムの5つのイベント ············ 61
スクラムマスター ·················· 61
ステアリングコミッティ ············ 51
スパイラル ····················· 39, 61
スプリント・プランニング ········ 61, 65
スプリント・レトロスペクティブ ···· 61, 65
スプリント・レビュー ············ 61, 65
スマート・ファクトリー ············ 168

成果物 ···························· 53
生成AI ··························· 198
セキュリティ情報とイベント管理
　（SIEM） ···················· 90, 91
セキュリティ・バイ・デザイン ······ 49, 50
セキュリティポリシー ·········· 80, 87, 110
説明可能なAI ····················· 192
説明責任 ···························· 7
戦略に係る（攻めの）内部監査 ······· 28, 154
ゼロトラストセキュリティ ·········· 106
選定基準 ··························· 44

操作マニュアル ···················· 56
ソーシャルエンジニアリング ········ 101
損害賠償 ··························· 43

た

チェックディジット ················ 55
中間者攻撃（MITM攻撃）··········· 97, 106

通信の暗号化（TLS）··············· 105

ディープラーニング（深層学習）······ 187
提供するデータ ···················· 194
デイリー・スクラム ············· 61, 65
データ・クレンジング ·············· 52
適応的ソフトウェア ················ 60
適切にして十分な情報 ·············· 175
手作業とITが一体となって機能する
　統制活動 ······················ 150
デジタル技術 ······················ 171
デジタル証明書 ···················· 97
デジタルデータ ···················· 171
テストプロセス ···················· 52
デバッグ ··························· 192
デュアルレポーティング ············ 138

統合的監査（ITシステムとOTシステム）··· 208
統合的監査（業務監査とシステム監査）··· 210
統合的監査（攻めと守り）··········· 31
投資効果判断 ······················ 48
独立的評価 ························ 152
トランザクション認証 ········· 98, 99, 106
取締役の善管注意義務 ·············· 33

な

内部統制監査報告書 ················ 136
内部統制報告書 ···················· 136
内部統制報告制度 ·················· 136

日常的保守プロセス ················ 57
日本公認会計士協会保証業務実務指針3402
　「受託業務に係る内部統制の保証報告書に
　関する実務指針」··············· 154
入出力処理 ························ 55
入退室管理システム ················ 56
ニューラルネットワーク ············ 192
認証レポート ······················ 43

は

バージョンアップ ·················· 49
廃棄処理 ··························· 58

227

廃棄処理結果報告書・・・・・・・・・・・・・・・・・ 58
廃止計画・・・・・・・・・・・・・・・・・・・・・・・・・ 58
廃止時の影響調査結果報告書 ・・・・・・・・・・ 58
廃止報告書・・・・・・・・・・・・・・・・・・・・・・・ 58
陪席・・・・・・・・・・・・・・・・・・・・・・・・・・・・ 53
バグ収束曲線・・・・・・・・・・・・・・・・・・・・・ 53
パスワードリスト攻撃・・・・・・・・・・・・・・・ 95
バックアップ・・・・・・・・・・・・・・・・・・・・・ 94
パッケージ・ソフトウェア・・・・・・・・・・・ 49

非機能要件・・・・・・・・・・・・・・・・・・・・・・・ 49
ビジネスゴール・・・・・・・・・・・・・・・・・・・・ 64
ビジネスメール詐欺・・・・・・・・・・・・・・・・ 99
ビジネスモデルと戦略・・・・・・・・・・・・・ 171
ビッグデータ・・・・・・・・・・・・・・・・・・・・ 192
標的型攻撃・・・・・・・・・・・・・・・・・・・・・・・ 99
品質評価基準・・・・・・・・・・・・・・・・・・・・・ 53
品質分析資料・・・・・・・・・・・・・・・・・・・・・ 53

ファイアウォール（FW)・・・・・・ 87, 91, 102
フィージビリティ検討書・・・・・・・・・・・・・ 50
フィッシング・・・・・・・・・・・・・・・・・・・・・ 97
フォレンジック調査・・・・・・・・・・・・・・・・ 92
不正等防止・・・・・・・・・・・・・・・・・・・・・・・ 56
不測の事態に備えたコンティンジェンシー・
　プラン・・・・・・・・・・・・・・・・・・・・・・・・・ 52
ブルートフォース攻撃・・・・・・・・・・・・・・・ 95
ふるまい検知型ウイルス対策ソフトウェア
　（EPP) ・・・・・・・・・・・・・・・・・・・ 99, 107
フローチャート・・・・・・・・・・・・・・・・・・・・ 53
プロキシ・・・・・・・・・・・・・・・・・・・ 102, 103
プロセス管理 ・・・・・・・・・・・・・・・・・・・・・ 23
プロダクトオーナー・・・・・・・・・・・ 61, 65
プロトタイピング・・・・・・・・・・・・・・・・・・ 39
分散型サービス不能攻撃（DDoS攻撃)
　・・・・・・・・・・・・・・・・・・・・・・・・・・ 94, 104

ペネトレーションテスト・・・・・・・・・ 100, 108

保証・・・・・・・・・・・・・・・・・・・・・・・・・・・・ 8
本番環境・・・・・・・・・・・・・・・・・・・・・・・・ 51

ま

マーケティングの4P分析・・・・・・・・・・・・ 180

無停電電源装置（UPS)・・・・・・・・・・・・・・・ 88

目標復旧時間（RTO)・・・・・・・・・ 123, 124, 129
目標復旧ポイント(RPO)・・・ 123, 124, 129, 131
目標復旧レベル（RLO)・・・・・・・・ 123, 124, 129

や

ユーザガイド・・・・・・・・・・・・・・・・・・・・・ 56
ユーザ機能駆動開発・・・・・・・・・・・・・・・・ 60
ユーザストーリー・・・・・・・・・・・・・・・・・ 65

要件定義書・・・・・・・・・・・・・・・・・・・・・・・ 50
横展開実施報告書・・・・・・・・・・・・・・・・・・ 53

ら

ランサムウェア・・・・・・・・・・・・・・・・・・・ 100

リーンソフトウェア開発・・・・・・・・・・・・・ 60
リスクアセスメント・・・・・・・・・・ 84, 85, 111
リスクコントロールマトリクス(RCM) ・・・ 155
リスクの発現・・・・・・・・・・・・・・・・・・・・・ 55

ルールへの準拠性・・・・・・・・・・・・・・・・・・ 66

レスポンス・タイム・・・・・・・・・・・・・・・・ 49
レッドチーム演習・・・・・・・・・・・・・・・・・ 109
レビュー記録・・・・・・・・・・・・・・・・・・・・・ 50

ローコード・ノーコード・・・・・・・・・・・・・ 56
ロングテール戦略・・・・・・・・・・・・・・・・・ 167

【執筆者紹介】

吉武 一（よしたけ はじめ）〔序，第1，6，終章〕

㈱STAGEON常勤監査役，一般社団法人日本内部監査協会理事，IIA Institute Relations Committee Member，明治大学専門職大学院兼任講師，金融情報システム監査等協議会顧問（前会長）。公認内部監査人（CIA），公認金融監査人（CFSA），内部統制評価指導士（CCSA），公認リスク管理監査人（CRMA），公認情報システム監査人（CISA），公認ITガバナンス専門家（CGEIT），公認不正検査士（CFE）。

神戸大学経営学部卒業，American Graduate School of International Management卒業（Master of International Management）。1979年㈱協和銀行（現 ㈱りそな銀行）入行，日本ユニシス㈱ビジネス・イノベーション・オフィスシニアマネジャー，㈱りそなホールディングス執行役内部監査部長，㈱近畿大阪銀行社外取締役，㈱埼玉りそな銀行常勤監査役，太陽誘電㈱常勤監査役等を経て現在に至る。

〈主要著作〉

『ここから始めるIT監査』（共著，同文舘出版，2007年），『経営倫理用語辞典』（共著，白桃書房，2008年），『組織運営と内部監査』（共著，放送大学教育振興会，2009年），「内部監査業務とロジカル・シンキング」（『月刊監査研究』第37巻第10号，2011年【一般社団法人日本内部監査協会第26回（2012年度）青木賞受賞】），『IT監査とIT統制（改訂版）―基礎からネットワーク・クラウド・ビッグデータまで―』（共著，同文舘出版，2015年），『バリューアップ内部監査Q&A』（共著，同文舘出版，2018年），『内部監査人のためのIT監査とITガバナンス（補訂版）』（共著，同文舘出版，2021年），『ロジカル内部監査―DX時代に求められる内部監査の高度化を目指して―』（同文舘出版，2021年）ほか

辻本 要子（つじもと ようこ）〔第2章〕

三井住友トラストグループ㈱，三井住友信託銀行㈱内部監査部上席主席内部監査人兼審議役。中外炉工業㈱取締役，特定非営利活動法人日本システム監査人協会理事，公認内部監査人（CIA），公認情報システム監査人（CISA），公認システム監査人（CSA），情報処理技術者（特種他），弁理士有資格（未登録）。

京都大学工学部卒業，1981年㈱大和銀行（現 ㈱りそな銀行）入行，㈱りそなホールディングス，ディアンドアイ情報システム㈱，住友信託銀行㈱（現 三井住友信託銀行㈱）を経て現在に至る。

〈主要著書〉

『内部監査人のためのIT監査とITガバナンス（補訂版）』（共著）同文舘出版，2021年

神橋 基博（かんばし もとひろ）〔第3・4章〕

システム監査学会理事。情報セキュリティ大学院大学客員研究員。博士（情報）。公認内部監査人（CIA）。公認情報システム監査人（CISA）。情報処理安全確保支援士。情報処理技術者（応用情報処理技術者，プロジェクトマネージャ，データベーススペシャリスト）。

東京大学大学院広域科学専攻修了。日本アイ・ビー・エム株式会社に入社。システムエンジニアとして金融機関を担当。2006年に国内金融機関に入社，システム開発プロジェクトを担当。2013年以降，現在まで監査部門にてIT監査業務に従事。2017年，2022年における経済産業省システム監査基準，システム管理基準改訂に関する検討委員，2021年1月より日本内部監査協会「先進監査手法のガイドライン化に関する研究会」座長，2024年9月よりシステム監査学会「先端領域におけるシステム監査のベストプラクティス」研究プロジェクト主査。

中村 元彦（なかむら もとひこ）〔第5章〕

千葉商科大学大学院会計ファイナンス研究科教授，博士（政策研究）。公認会計士，税理士，CISA（公認情報システム監査人），公認不正検査士（CFE）。

1988年慶應義塾大学経済学部卒業，2015年千葉商科大学大学院政策研究科単位取得退学，2016年博士（千葉商科大学大学院政策研究科）。日本公認会計士協会常務理事（2013〜2019年），情報処理技術者試験委員を務め，日本公認会計士協会各種委員，経済産業省企業のIT統制に関する調査検討委員会作業部会委員（2007年），経済産業省システム管理基準追補版改訂作業部会委員（2024年）等を歴任。
〈主要著作〉

『ITのリスク・統制・監査』（共著，同文舘出版，2009年），『試験研究費の会計と税務（第2版）』（共著，税務研究会，2015年），『IT会計帳簿論─IT会計帳簿が変える経営と監査の未来─』（白桃書房，2018年【一般社団法人日本内部監査協会第32回（2018年度）青木賞受賞】），『中小上場会社の内部統制─実務上の課題と提言』（編著，同文舘出版，2020年），「わが国におけるダイレクト・レポーティングの採用について」（2024年，『現代監査』第34号【日本監査研究学会2024年度監査研究奨励賞】），ほか

【編者紹介】

一般社団法人　日本内部監査協会

　内部監査および関連する諸分野についての理論および実務の研究，並びに内部監査の品質および内部監査人の専門的能力の向上を推進するとともに，内部監査に関する知識を広く一般に普及することにより，わが国の産業および経済の健全な発展に資することを目的に活動。また，国際的な内部監査の専門団体である内部監査人協会（The Institute of Internal Auditors, Inc.：IIA）の日本代表機関として，世界的な交流活動を行うとともに，内部監査人の国際資格である"公認内部監査人（Certified Internal Auditor：CIA）"の認定試験を実施している。

　昭和32（1957）年創立。企業や団体など加盟数は2024年12月末現在12,931。
　〒104-0031 東京都中央区京橋3-3-11　VORT京橋
　TEL（03）6214-2231　FAX（03）6214-2234
　https://www.iiajapan.com/

2025年2月25日　初版発行　　　　　　　　　　　　　略称：DX IT監査

DX時代のIT監査・ITガバナンスの実務
──内部監査のための統合的監査・業務継続・アジャイル開発──

　　　　　　　編　者　　Ⓒ一般社団法人日本内部監査協会

　　　　　　　発行者　　中　島　豊　彦

　　　　発行所　同 文 舘 出 版 株 式 会 社
　　　　　　　東京都千代田区神田神保町1-41　　　〒101-0051
　　　　　　　営業（03）3294-1801　　　編集（03）3294-1803
　　　　　　　振替 00100-8-42935　　https://www.dobunkan.co.jp

Printed in Japan 2025　　　　　　　　　　　製版　一企画
　　　　　　　　　　　　　　　　印刷・製本　三美印刷
　　　　　　　　ISBN978-4-495-21069-4

JCOPY 〈出版者著作権管理機構 委託出版物〉
本書の無断複製は著作権法上での例外を除き禁じられています。複製される場合は，そのつど事前に，出版者著作権管理機構（電話 03-5244-5088，FAX 03-5244-5089，e-mail: info@jcopy.or.jp）の許諾を得てください。

本書とともに

バリューアップ
内部監査Q&A

(一社)日本内部監査協会編

A5判・272頁
税込 2,750円（本体2,500円）

現代の実践的内部監査
（七訂版）

(一社)日本内部監査協会編
川村眞一著

A5判・426頁
税込 3,960円（本体3,600円）

COSO
全社的リスクマネジメント
―戦略およびパフォーマンスとの統合―

(一社)日本内部監査協会
八田　進二
橋本　　尚　　　　　　監訳
堀江　正之
神林比洋雄

A5判・320頁
税込 6,380円（本体5,800円）

同文舘出版株式会社